Kreuzfahrt-Neuling

Der umfassende Kreuzfahrt-Ratgeber für alle Kreuzfahrt- und Schiffsneulinge

Mit allen wichtigen Infos von der Routenauswahl bis hin zum Schiffsalltag, inklusive großem Kreuzfahrt ABC

von Bob Ballin

© 2022 Bob Ballin

ISBN Softcover: 978-3-347-79110-7
ISBN E-Book: 978-3-347-79112-1

1. Auflage

Umschlaggestaltung, Illustration: Bob Ballin
Rettungsring: Vecteezy.com

Druck und Distribution im Auftrag des Autors:
tredition GmbH, An der Strusbek 10, 22926 Ahrensburg, Germany
Das Werk, einschließlich seiner Teile, ist urheberrechtlich geschützt. Für die Inhalte ist der Autor verantwortlich. Jede Verwertung ist ohne seine Zustimmung unzulässig. Die Publikation und Verbreitung erfolgen im Auftrag des Autors, zu erreichen unter: tredition GmbH, Abteilung "Impressumservice", An der Strusbek 10, 22926 Ahrensburg, Deutschland.

Vorwort

„Ich bin fest davon überzeugt, dass gut vorbereitete Kreuzfahrt-Neulinge eine viel schönere Reise verbringen werden! Deshalb dieses Buch."

„Kreuzfahrt" - alleine schon das Wort weckt in vielen von uns Urlaubsgefühle. Bis vor einigen Jahren zählte eine Kreuzfahrt zu den Urlaubsformen, die sich nur Wohlhabende leisten konnten. Der Gegenwert eines kleinen Neuwagens musste investiert werden, um es sich in einer Außenkabine (Balkonkabinen gab es in der Regel bis in die 1990er Jahre noch nicht) gut gehen zu lassen. Smoking und Abendkleid durften nicht fehlen, dafür musste auf einiges an Bord der, aus heutiger Sicht, sehr kleinen Schiffe verzichtet werden.

Seither hat sich einiges verändert. Nicht zuletzt hat sich der Kreuzfahrtmarkt in den letzten Jahrzehnten enorm weiter entwickelt. In allen Bereichen gab es signifikante Veränderungen, welche die einstige elitäre Reiseform endgültig im Massenmarkt ankommen ließ.

Allerdings kann man diese Reiseform nicht so einfach mit anderen Urlaubsformen vergleichen. Es ist doch ein sehr besonderes Erlebnis auf einer riesigen Stahlkonstruktion über die sieben Weltmeere zu fahren.

Viele Fragen kommen auf, sobald man sich näher mit dem Gedanken beschäftigt, ob man nicht doch auch einmal eine Kreuzfahrt machen sollte. Mit diesem Buch halten Sie einen umfassenden Ratgeber in den Händen, welcher Sie auf Ihrer „Reise" hin zur ersten Kreuzfahrt begleiten soll. Alle Fragen, die mir in meiner Tätigkeit auf Kreuzfahrtschiffen oder als Passagier auf ihnen immer wieder unter gekommen sind und sogar von erfahrenen Kreuzfahrern teilweise falsch beantwortet wurden oder manchmal gar nicht beantwortet werden konnten, habe ich auf den folgenden Seiten aufgelistet und beantwortet.

Dieses Buch umfasst zwei Teile. Teil 1 beantwortet alle Fragen von der ersten Idee, eine Kreuzfahrt zu unternehmen, bis hin zum letzten Tag auf See. Im Zweiten Teil mache ich Sie mit dem Kreuzfahrt ABC vertraut und erkläre die wichtigsten Begriffe, damit Sie sich auf Ihrer Reise problemlos zurecht finden.

Sollten Sie die ein oder andere Frage vermissen oder einen Fehler entdeckt haben, so freue ich mich sehr über eine E-Mail.

Ihr
Bob Ballin (AutorBobBallin@gmail.com)

geschrieben auf diversen Kreuzfahrtschiffen, 2022

Teil 1

Von der Idee bis zur Buchung

Stoßen Sie in Teil 1 auf einen Begriff, für den Sie eine Erklärung suchen, dann schlagen Sie in Teil 2 nach. Ist dieser dort nicht aufgeführt, so freue ich mich auf Ihre Nachricht. Gerne füge ich ihn in einer der nächsten Auflagen hinzu.

Nehmen wir einmal an, Sie haben sich entschieden: Ihre nächste Urlaubsreise soll eine Kreuzfahrt sein! So weit, so gut - doch was nun!?

Ich kann Sie beruhigen. Das weitere Vorgehen wird sich zunächst nicht allzu sehr von dem für die Planung eines ganz normalen Urlaubsaufenthalts in einem Ferienhotel unterscheiden. Aus „Welcher Urlaubsort?" wird lediglich „Welches Fahrtgebiet und welche Route?" und aus „In welches Hotel?" wird einfach „Auf welchem Schiff?".

Doch Halt; fangen hier nicht für den ein oder anderen die Probleme an? Was bedeutet Fahrtgebiet und Route beziehungsweise welches Fahrtgebiet und welche Route sind für wen und wann am besten geeignet? Und Schiffe gibt es fast so viele wie Sand am Meer. Welches der fast 400 auf den Weltmeeren fahrende Kreuzfahrtschiff passt am ehesten zu mir?

Keine Panik, hier kommen die Antworten - Schritt für Schritt!

Klischees über Kreuzfahrten

Im deutschsprachigen Raum hat „Das Traumschiff" unsere Vorstellungen von Kreuzfahrten ganz wesentlich geprägt. Ähnlich wie die US-Serie „Love Boat" aus den 1970er Jahren vermittelt „Das Traumschiff" ein Bild von der Kreuzfahrt, wie es dies wohl nur im Fernsehen geben kann. Deshalb an dieser Stelle die ganz klare Botschaft: „Verabschieden Sie sich von diesen Darstellungen einer Kreuzfahrt!" Einfach zu viele Dinge, die hier gezeigt werden sind im heutigen Massenmarkt schlicht nicht möglich. Oder Sie sind aus rechtlichen Gründen einfach nicht erlaubt. Im Extremfall ergeben sie ganz einfach keinen Sinn oder sind unwahr.

Gleiches gilt für die ebenfalls sehr populäre Serie „Verrückt nach Meer". Auch hier werden uns Eindrücke verkauft, die Sie an Bord wohl eher nicht vorfinden werden.

Doch ein Fünkchen Wahrheit steckt, wie meist überall, auch in diesen Formaten. Hier erfahren Sie, welche Klischees der Wahrheit entsprechen und welche in das Land der Dichtung wandern. Im Übrigen macht es überhaupt nichts, wenn ihnen die oben erwähnten Fernsehformate nichts sagen. Sollten Sie allerdings diese Wissenslücke schließen wollten, so finden Sie dazu im Internet unzählige Einträge und Videos.

Die norwegische Vistafjord war ab 1981 das erste Traumschiff. 191m lang, 25m breit, 680 PAX und 380 Crew, Indienststellung: 1973.

Die Amadea ist das aktuelle Traumschiff (Stand: 2022). 192m lang, 25m breit, 604 PAX, 250 Crew, Indienststellung: 1991. Man erkennt sehr gut, wie sich die Kreuzfahrt in 40 Jahren weiterentwickelt hat.

DER KAPITÄN EMPFÄNGT IMMER GERNE BESUCH AUF DER BRÜCKE!

Ein ganz klares NEIN ist die Antwort auf diese Aussage. Nicht nur, dass es ebenfalls ein Klischee ist, dass der Kapitän wie ein einsamer Seebär ständig auf der Brücke steht, ist es ein Klischee, dass man als Passagier jederzeit auf der Brücke erscheinen darf.

Auf den großen Schiffen im Massenmarkt ist die Brücke eine extrem gut geschützte Hochsicherzeitszone, zu der nur ein sehr eingeschränkter Personenkreis Zugang hat. Selbst Crewmitglieder, die auf ihr nicht tätig sind, dürfen dort nicht hin.

Auf einigen Schiffen werden Brückenführungen angeboten, manchmal dürfen auch besondere Gäste, wie zum Beispiel Statusgäste oder Kinder auf Nachfrage oder Einladung des Kapitäns die Brücke besuchen und besichtigen. Das war es dann aber auch schon.

Auf kleineren Schiffen verhält es sich unter Umständen anders. Dort kann es sehr gut sein, dass man auf Nachfrage eine kleine private Brückenführung durch einen der Schiffsoffiziere bekommt. Aber eben mal so auf der Brücke erscheinen, so unter dem Motto: „Hallo, Herr Kapitän, ich hätte da mal eine Frage!" - keine Chance.

DER SCHIFFSARZT - (FAST) WIE DER EIGENE HAUSARZT

Auch hier ein klares NEIN. Wer sich auf einen kleinen Check-Up durch den Schiffsarzt während seiner Kreuzfahrt freut, wird wohl herb enttäuscht werden. Auf den großen Schiffen bekommt man als normaler Passagier in der Regel den Schiffsarzt nicht zu Gesicht. Und wenn man sich in seine Hände begeben muss, dann kostet das richtig Geld. Denn, anders als auf dem Traumschiff suggeriert, gehören Behandlungen im Bordhospital nicht zu den Inklusivleistungen Ihrer Reise und müssen, meist sehr teuer, extra bezahlt werden.

Auf einem kleineren Kreuzfahrtschiff besteht allerdings durchaus die Möglichkeit, auch mit dem Schiffsarzt näher ins Gespräch zu kommen. Das gilt aber auch für den Rest der Besatzung und ist eher der Schiffsgröße und dem PAX/Crew-Verhältnis geschuldet.

AUF JEDEM SCHIFF GIBT ES EINE CHEF-HOSTESS, A LA BEATRICE VOM TRAUMSCHIFF

Schön wäre es - aber NEIN! Es gibt zwar nahezu auf allen Schiffen eine Position, die im weitesten Sinne der einer Hostess entspricht, deren Aufgabenfeld ist aber etwas anders gelagert als das von Beatrice. Gerade auf großen Schiffen handelt es sich um ein ganzes Team von Gästebetreuern oder wie sie auch immer genannt werden. Diese fungieren als Ansprechpartner für die Gäste bei allgemeinen Fragen. Sie leisten Hilfestellungen und leiten manchmal auch einige der Freizeitangebote, zum Beispiel das Bingo. Das alles ist natürlich weit von einer Beatrice entfernt, die über Ihre Probleme schon Bescheid weiß, bevor Sie überhaupt daran denken.

Allerdings gibt es auf kleineren exklusiven Schiffen durchaus eine Art Beatrice, ggf. mit einem kleinen Team. Hier erfolgt dann ein weitaus persönlicherer Service, als bei den großen Gästebetreuer-Teams des Massenmarktes. Aber auch hier: Alles auf einer professionellen, eher distanzierteren Ebene.

DIE PASSAGIERE UND CREW SIND WÄHREND DER REISE SO ETWAS WIE „BEST BUDDIES"

Auch hier: NEIN, leider nicht. Auf großen Schiffen arbeiten hunderte Crewmitglieder aus mehreren Dutzend Nationen. Die meisten von ihnen werden Sie nie zu Gesicht bekommen. Und diejenigen, die ihnen an Bord über den Weg laufen machen ihren Job - diese Reise mit ihnen, die Reise davor mit einigen 1.000 anderen Gästen und die Reise danach mit wieder anderen. Und so weiter und so weiter.

Selbstverständlich sind Crewmitglieder keine Roboter und Sie werden sicherlich mit dem ein oder anderen von ihnen sehr nette Erlebnisse haben. Sie werden sich beim Namen ansprechen, vielleicht tauschen Sie in Gesprächen persönliche Dinge aus oder scherzen miteinander. So gut wie ausgeschlossen wird es aber sein, dass Sie zusammen einen Landausflug machen oder sich am Abend an der Bar zu einem netten Drink verabreden.

Auch hier gibt es Unterschiede zwischen den großen und kleinen Schiffen. Auf einem kleinen Schiff kann es durchaus möglich sein, dass gerade zu den höheren Dienstgraden nette Kontakte entstehen. Allerdings in der Regel immer auf einer professionell distanzierten Ebene. Schließlich sind Sie nicht alleine an Bord und die anderen Passagiere wollen auch umsorgt werden.

EINE KREUZFAHRT IST ETWAS GANZ EXKLUSIVES, ES GEHT IMMER VORNEHM ZU UND MAN KANN SICH VOR KAVIAR UND CHAMPAGNER KAUM RETTEN

Ein klares Jein wäre hier wohl die passendste Antwort. Letztendlich bestimmt Ihr Geldbeutel, wie weit es diesbezüglich gehen kann. Trotzdem muss man festhalten, dass die obigen Vorstellungen bei einer ganz normalen Kreuzfahrt im Massenmarkt keine Realität werden dürften. Auch wenn immer mehr Reedereien gerade auf deren großen Schiffen mehr und mehr das „Schiff-im-Schiff"-Konzept verfolgen, so ist man selbst dort von überschwänglicher Exklusivität und Eleganz weit entfernt. Diese findet sich wohl nur noch auf ganz wenigen ausgesuchten Schiffen im obersten Preissegment. Und selbst dort setzt sich das Legere immer mehr durch.

JEDE KREUZFAHRT ENDET MIT EINEM GALADINNER, EINER REDE DES KAPITÄNS UND EISTORTEN MIT WUNDERKERZEN

Leider nein. Es gibt zwar auch im Massenmarkt einige Reedereien, die auf deren Schiffen einen Galaabend oder etwas ähnliches anbieten. Diese Veranstaltungen sind allerdings weit von einem Galadinner auf dem Traumschiff entfernt. Alleine schon der schieren Masse der Passagiere geschuldet handelt es sich hierbei oft eher um Massenveranstaltungen. Hunderte Passagiere werden für ein „persönliches" Foto am Kapitän vorbei geschleust, für das Sie, sollten Sie es mit nach Hause nehmen wollen, bezahlen dürfen. Eine Rede vom Kapitän wird es im mehrere Hundert Menschen fassenden und teils mehrstöckigen Hauptrestaurant nicht geben und auch auf die Wunderkerzen werden Sie verzichten müssen.

Für viele Passagiere ist dieser Abend dennoch ein unvergesslicher Moment. Auf manchen Schiffen gibt es immerhin ein besonders Menü oder ein tolles Buffet. Wiederum auf andern finden solche Veranstaltungen gar nicht erst statt.

Sicherlich könnte ich diese Liste noch weiterführen und vielleicht vermissen Sie sogar Ihren ganz persönlichen Traumschiff- Love Boat oder Verrückt nach Meer „Moment", auf den ich hier nicht eingegangen bin. Wie dem auch immer sei. Selbst wenn dieser Moment auf Ihrer eigenen Kreuzfahrt nicht in Erfüllung gehen sollte, denken Sie daran, dass es auf jeder einzelnen Kreuzfahrt definitiv mindestens einen fantastischen unvergesslichen Moment geben wird. Mindestens einen!

Vor- und Nachteile einer Kreuzfahrt

Jede Medaille hat zwei Seiten. Das gilt natürlich auch für eine Kreuzfahrt. Sie bietet nicht nur Vorteile, sondern unter Umständen kann es auch einige Nachteile gegenüber einer Urlaubsreise mit Hotelaufenthalt geben.

VORTEILE EINER KREUZFAHRT:

• Sie haben Ihr Hotel und Hotelzimmer den ganzen Urlaub über dabei. Kofferpacken und ständiges Umgewöhnen, wie zum Beispiel bei einer Rundreise mit vergleichbaren Zielen fallen weg.

• Es handelt sich um eine sehr sichere Urlaubsform. Sowohl was das Verkehrsmittel Schiff als auch das Leben an Bord angeht. So ist die medizinische Versorgung zum Beispiel rund um die Uhr unmittelbar gewährleistet.

• Der Hotelbetrieb eines Kreuzfahrtschiffes ist in der Regel extrem gut geführt. Themen wie Sauberkeit, Hygiene, Service, und so weiter sind meist besser als in vielen Hotels an Land.

• Ohne das lästige „Drum herum" (stundenlanges Autofahren, Koffer ein- und auspacken, und so weiter) sieht man in sehr kurzer Zeit sehr viel.

• Auf kleinstem Raum bietet ein Schiff eine Vielfalt, die Sie wohl sonst nirgendwo finden werden. Sei es bei Kulinarik, Unterhaltung, Sport, Kultur, oder Erholung.

NACHTEILE EINER KREUZFAHRT:

• Trotz der vielen Inklusivleistungen ist sie oft teurer als ein Hotelurlaub.

• Auch wenn es viele Angebote auf dem Schiff gibt. Sie stammen letztendlich von ein und dem selben Anbieter (nämlich der Reederei). Wenn Sie mit dieser ein Problem haben, dann haben Sie ein Problem.

• Wenn es ihnen doch mal nicht gefällt, dann sind Sie auf dem Schiff „gefangen". Irgendwann beginnt das Meer, spätestens dort ist Schluss.

• Dinge, die für uns im Alltag selbstverständlich sind, gibt es auf einem Kreuzfahrtschiff unter Umständen nur limitiert oder gar nicht. Zum Beispiel ist das Internet recht teuer, es gibt weniger Fernsehsender und weniger Shopping-Möglichkeiten.

• Für viele ist eine Kreuzfahrt Neuland, daher gibt es ein erhöhtes Potenzial für Unzufriedenheit aufgrund von Missverständnissen und Fehlinformationen.

Letztendlich muss jeder für sich selbst entscheiden, ob es mehr Vor- oder Nachteile gibt, die für oder gegen eine Kreuzfahrt sprechen. Obige Liste soll eher einige Denkanstöße für Ihre ganz persönlichen Pro- und Contras geben.

Ihr persönlicher Geschmack

Klischees über Kreuzfahrten schön und gut, Vor- und Nachteile hin oder her - letztendlich entscheidet Ihr persönlicher Geschmack darüber, ob überhaupt und wenn ja welche Art von Kreuzfahrt für Sie die Richtige ist!

Nehmen wir einmal an, Sie wären der absolute Naturliebhaber. Das ganze Jahr freuen Sie sich auf zwei Wochen Urlaub in der Natur. Kein Mensch, keine Störung, keine Technik, nur Sie und die Natur. In diesem Fall würde ich ihnen aufs Innigste von einer Kreuzfahrt abraten! Das Nordkap - Natur pur, aber bis Sie zusammen mit 2.000-3.000 anderen Passagieren erst einmal dort sein werden - Ihre ganz persönliche Hölle auf Erden.

Sie gehen sehr gerne auswärts Essen und probieren auch mal liebend gerne etwas Neues aus? Es gibt für Sie nichts Schöneres, als in Gesellschaft am Abend bei einem guten Glas Wein oder sogar einem Cocktail beisammen zu sitzen? Sie gehen gerne ins Theater oder amüsieren sich bei gemeinsamen Aktivitäten mit anderen? Dann scheinen Sie der perfekte

Kreuzfahrt-Tourist zu sein. In diesem Fall hätte ich so gut wie keine Bedenken, dass eine Kreuzfahrt für Sie genau das richtige ist.

Bitte haben Sie Ihre persönlichen Bedürfnisse und Vorlieben bei der Lektüre dieses Buches immer im Hinterkopf. Sie sind sozusagen das Fundament, auf dem Ihre ganz persönliche Kreuzfahrterfahrung aufbaut. Zum Abschluss möchte ich noch ganz klar sagen, dass Kreuzfahrten im Massenmarkt im wahrsten Sinne des Wortes Massenveranstaltungen sind. Sie dürfen absolut kein Problem damit haben, auch einmal in einer Warteschlange, sei es beim Check-In oder im Buffetrestaurant, stehen zu müssen. Am Seetag sind die offenen Decks bis auf die letzte Liege, von denen es wirklich sehr viele gibt, belegt und auch ansonsten ist alles darauf ausgelegt, große Menschenmengen verködigen und beherbergen zu können. Sollte das für Sie gar nicht tragbar sein, so könnten Sie sich nach einem kleineren Schiff abseits des Massenmarkts umsehen, was allerdings wesentlich teurer werden sollte.

Informationsquellen über Kreuzfahrten

Doch wo fangen Sie damit an, sich über das Thema Kreuzfahrt zu informieren? Es ist eigentlich recht simpel. Arbeiten Sie sich einfach von „Innen nach Außen":

FAMILIE, FREUNDE, KOLLEGEN UND IHR UMFELD

Bestimmt haben einige Menschen in Ihrem Umfeld bereits eine oder sogar mehrere Kreuzfahrten gemacht! Wenn man sich nicht dafür interessiert, blendet man das leicht aus. Aber nachdem Sie nun auch daran denken, auf eine Seereise zu gehen, kommt ihnen vielleicht in den Sinn, dass Tante Erna beim letzten Geburtstag von Onkel Rüdiger diesbezüglich irgendwas erwähnt hat. Oder der Fußballkollege in der Kabine, Ihr Arbeitskollege in der Kantine oder, oder, oder.

Das Gute an dieser Informationsquelle: Sie kennen die Leute auch im „normalen Leben", wissen also, wie sie ticken, was ihnen gefällt und was sie sonst so treiben. Das kann für Sie als Maßstab dienen, die gemachten Aussagen richtig einzuordnen.

Wenn Tante Erna von der Reise schwärmt, aber das Essen auf dem Schiff in Grund und Boden schimpft, dann wissen Sie, dass alles gut war, denn Tante Erna ist eine begeisterte Hobbyköchin, der man es beim Essen nie recht machen kann. Wenn Ihr Fußballkollege darüber klagt, dass an Bord alles so teuer war, dann haben Sie dabei im Hinterkopf, dass er immer darüber meckert, dass alles so viel kostet. Beschwert sich Ihr Arbeitskollege, dass die ganze Organisation eine Katastrophe war, dann horchen Sie auf, schließlich ist er in der Firma für die ganze Logistik zuständig und kennt sich damit aus.

Diese Filter können Sie auf alle reiserelevanten Komponenten anwenden: Fahrtgebiet und Route, Schiff, Preis, Verpflegung, und so weiter, und so weiter und so weiter.

REISEBÜRO

Unterschätzen Sie nicht, dass viele Reisebüros Sie sehr gut bei Ihrer Kreuzfahrtplanung unterstützen können. Die meisten Reedereien bieten den Reisebüros und deren Angestellten oft die Möglichkeit, Kreuzfahrtschiffe und Reisen selbst in Augenschein zu nehmen. Das fängt bei eintägigen Besuchen während eines Hafentages auf zum Beispiel neuen oder renovierten Schiffen an und geht bis hin zu mehrtätigen Reisen, auf denen die Vertreter der Reisebüros mit an Bord sein dürfen.

Selbstverständlich legt nicht jedes Reisebüro gleich viel Augenmerk auf den Kreuzfahrtbereich, weshalb nicht zwingend das Reisebüro bei ihnen am Ort die beste Anlaufstelle sein muss. Auch hier wieder: Fragen Sie die Leute aus Ihrem Umfeld, ob sie ihnen Tipps geben können. Oder recherchieren Sie im Internet nach Reisebüros in Ihrer Umgebung, die eine gute Kreuzfahrtberatung anbieten.

Auch im Internet finden Sie einige sehr gute auf Kreuzfahrten spezialisierte Reisebüros. Mit zwei Anbietern habe ich bis dato selbst immer sehr gute Erfahrungen gemacht: kreuzfahrten.de und e-hoi.de. Es gibt sicherlich auch noch andere gute Anlaufstellen im Internet. Aber bitte denken Sie daran, dass sich auch dort, wie überall, schwarze Schafe herum treiben. Seien Sie also entsprechend vorsichtig!

Ein gutes Reisebüro begleitet Sie von der Erstberatung, über die Entscheidungsfindung und der Buchung, über die Reise, sogar auch, falls nötig, nach der Reise!

KREUZFAHRT-INFLUENCER

Unzählige Webseiten, Foren, Facebook-Gruppen und Youtuber haben es sich zur Aufgabe gemacht, dem interessierten Publikum die Kreuzfahrt-Erleuchtung zu bringen oder Fragende und Antwortende zusammen zu bringen. Den einen gelingt es besser, den anderen -sagen wir mal- nicht so gut. Dennoch finde ich, dass im Rahmen einer guten Vorbereitung auch eine ausgedehnte Internetrecherche nicht schaden kann. Doch Vorsicht: Es gibt zwei ganz wichtige Dinge, auf die Sie unbedingt achten sollten:

1. Finden Sie heraus, ob der Verfasser für die präsentierten Inhalte zum Beispiel von einer Reederei bezahlt wurde oder nicht. Sollte er für seinen

Beitrag bezahlt worden sein, so muss deswegen der Inhalt nicht zwangs-
läufig unbrauchbar sein. Dennoch sollten Sie die gemachten Aussagen
mit diesem Wissen im Hinterkopf einordnen.
2. Wann wurden die Inhalte verfasst? Die Kreuzfahrtindustrie erfindet
sich laufend neu. Deshalb kann eine Information binnen relativ kurzer
Zeit nicht mehr aktuell sein.

Ich selbst sehe mir sehr gerne YouTube-Videos zu Kreuzfahrtthemen an.
Auch hier gibt es einige sehr gute Formate. Angefangen von täglichen
„News-Shows" rund um die Kreuzfahrtwelt, bis hin zu langen Rundgängen
über Schiffe ist alles geboten. An dieser Stelle möchte ich mit ihnen gerne
meine beiden Favoriten teilen. Zum Einen wären das Ben and David. Zwei
Engländer (daher gibt es dieses Format nur in englischer Sprache), die uns
auf ihre Reisen mitnehmen. Sie machen das auf eine sehr unterhaltsame
und liebenswerte, aber auch informative Art und Weise. Ebenfalls interessant
an ihrem Kanal ist die Tatsache, dass Sie in erster Linie Schiffe buchen, die
wir hier auf dem deutschen Markt nicht so oft zu sehen bekommen. Die
Schiffe sind aber unter Umständen auch für Sie interessant und natürlich
auch in Deutschland buchbar. Auf YouTube zu finden unter: Cruise With Ben
and David.

Dann möchte ich noch Matthias Morr, den man in der Branche auch als
„Schiffstester" kennt, erwähnen. Er bietet sehr gute und informative deutschsprachige Inhalte rund um das Thema Kreuzfahrten. Darüber hinaus finde
ich ihn auch als Mensch sehr sympathisch. Er hat sich auf das deutschsprachige Publikum spezialisiert. D.h., die meisten Reedereien und Schiffe, die
Sie bei uns in den diversen Reiseangeboten finden, sind seine Domäne.
Er selbst hat den Titel „Schiffstester" über die Jahr mehr und mehr ad
acta gelegt, Sie finden ihn deshalb am besten unter seinem Namen Matthias
Morr auf YouTube.

Fahrtgebiet & Route

Ein Schiff bewegt sich für die Zeitspanne „x" in Fahrtgebiet „a". Beispiel:
Die MS Beispiel fährt diesen Sommer im Fahrtgebiet „Ostsee". Im Herbst
ändert sich ihr Fahrtgebiet, dann kreuzt sie im Fahrtgebiet „westliches Mittelmeer". In der Ostsee ist sie die Route „Nordland mit Oslo" gefahren. Im
westlichen Mittelmeer die Route „Málaga bis Mallorca".

Soweit alles klar, was die Begrifflichkeiten angeht? Bitte nageln Sie aber
die Reedereien nicht auf genau diese beiden Begriffe fest. Manchmal wird

das Fahrtgebiet auch als „Region" bezeichnet und aus „Route" wird „Reise".
Auch die Fahrtgebiete können unterschiedlich betitelt werden. So gibt es bei
der einen Reederei nur das Mittelmeer, die andere teilt es in West und Ost
ein. Wichtig ist für Sie eigentlich nur zu wissen, dass alle großen Schiffe im
Massenmarkt eine zeitlang nur ein Fahrtgebiet bedienen. Innerhalb dieses
Gebiets werden aber je Schiff meist mehrere Routen gefahren.

Es gibt noch zwei Besonderheiten, die ich erwähnen möchte: Das wäre
zum Einen der so genannte „Schmetterling". Das sind zwei Routen, die im
gleichen Hafen beginnen, aber sozusagen in die entgegengesetzte Richtung
gehen und von den Reisenden miteinander kombiniert werden können. Beispiel: Start- und Zielhafen ist Palma de Mallorca. Die erste Route geht sieben Nächte in westliche Richtung, um dann wieder in Palma zu enden. Danach fährt das Schiff sieben Nächte in östliche Richtung, um erneut in Palma
zu enden. Sie als Gast können diese beiden Routen zu einer Reise zusam-
menfassen und somit 14 Nächte an Bord bleiben.

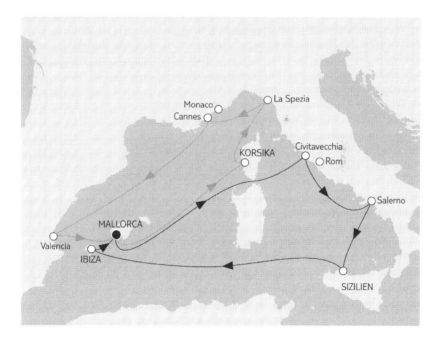

Beispiel einer Schmetterlings-Reise mit Start in Palma:

Zunächst geht es auf die Route Civitavecchia -> Salerno -> Sizilien -> Ibiza.

Danach, wieder von Palma aus auf die Route Korsika -> La Spezia -> Cannes -> Valencia. End-
punkt ist erneut Palma.

Beide Routen lassen sich separat, aber auch zusammen buchen.

Eine andere Besonderheit bieten so genannte „Transferreisen". Dies sind Routen, bei denen ein Schiff von einem Fahrtgebiet in ein anderes verlegt wird. Beispiel: Die Saison in Fahrtgebiet „Ostsee" endet, das Schiff geht auf eine Transferreise in ihr neues Fahrtgebiet „westliches Mittelmeer". Eine solche „Überführung" wird von der Reederei als ganz normale Kreuzfahrt vermarktet. Und das ist Sie auch, nur eben mit einer Route, die es in der Regel nur zwei Mal im Jahr gibt. Einmal in die eine Richtung und dann bei Saisonwechsel wieder in die entgegen gesetzte Richtung. In unserem Beispiel würde das Schiff vielleicht von Kiel über Kopenhagen, Dover, ... Lissabon und Valencia nach Palma de Mallorca fahren.

Mir ist wichtig, dass Sie diese Begriffe und was dahinter steckt, genau verstehen. Schließlich bilden diese Begrifflichkeiten die Grundlage für eine ganz wichtige Entscheidung, nämlich welches Fahrtgebiet und welche Route für Sie die Richtigen sind.

DOCH WELCHE FAHRTGEBIETE UND ROUTEN GIBT ES?

Die wohl beliebtesten Fahrtgebiete sind:

- Karibik

- Mittelmeer

- Kanaren

- Ostsee/Baltikum

- Nordsee mit zum Beispiel Großbritannien oder Norwegen

- Asien

- Orient

- Nordamerika

- Mittelamerika

Die Reedereien fügen auch ständig neue Fahrtgebiete hinzu. So wurden Kreuzfahrten in Mittelamerika im Massenmarkt vor einigen Jahren so gut wie nie angeboten. Diese gehören mittlerweile zum Standardangebot einiger Reedereien. Neuerdings bemerkt man zum Beispiel verstärkt Angebote Richtung Südafrika. Aber auch was die Routen angeht, werden die Macher bei den Reedereien immer kreativer. Auf der einen Seite bedeutet das für Sie als Kunde mehr Auswahl, aber eben auch mehr Vorbereitungsaufwand, da Sie noch mehr Angebote zu durchforsten haben.

Die Auswahl der Fahrtgebiete im Massenmarkt orientiert sich natürlich sehr stark an der Erreichbarkeit des Ziels. Kann ich es als Reederei bewerkstelligen, jede Woche verlässlich einige Tausend Gäste dorthin zu schaffen? Aber auch die Verfügbarkeit von geeigneten Anlegestellen muss gewährleistet sein. Ein riesiges Kreuzfahrtschiff kann nicht in jedem beliebigen Hafen anlegen. Dieser muss gut genug ausgebaut sein und über eine geeignete Infrastruktur verfügen.

In den letzten Jahren ging bei den Reedereien im Massenmarkt der Trend zu etwas flexibleren Routen. Die Schiffe bewegen sich weiterhin für einige Monate in ihrem jeweiligen Fahrtgebiet. Früher wurde aber stur in dieser Zeit nur eine oder zwei Routen (Schmetterling) gefahren. Heute wird dieser Ablauf öfter durch spezielle, zum Beispiel kürzere oder auch längere Sonderrouten unterbrochen. Hier lohnt es sich, einmal genauer die ganzen Routen anzusehen, vielleicht ist so eine Sonderroute eher etwas für Sie.

Reedereien mit kleineren Schiffen und die nicht den Massenmarkt bedienen, haben es hier in vielerlei Hinsicht deutlich einfacher. Zum Einen fahren deren Schiffe in erster Linie gar keine Routen im oben beschriebenen Sinne. Sie halten sich zwar auch in einem Fahrtgebiet länger auf, machen teilweise hierbei Station im Rahmen einer Weltumrundung und laufen einzelne Häfen manchmal nur einmal auf der Reise an. Diese Schiffe findet man auch in Fahrtgebieten, in die sich (Stand heute) nie ein Schiff aus dem Massenmarkt verirren würde.

Der Vollständigkeit halber möchte ich an dieser Stelle erwähnen, dass mittlerweile fast jede Reederei aus dem Massenmarkt auch Schiffe auf Weltreise schickt. Diese Weltreisen sind aber nicht mit denen der Reedereien aus dem Luxussegment vergleichbar. Sollten Sie sich dennoch dafür interessieren, so kann ihnen bestimmt Ihr Kreuzfahrt-Reisebüro bei der Auswahl der richtigen Weltreise behilflich sein.

Ein gewisses Augenmerk sollten Sie bei Ihrer Planung auch auf die Jahreszeit und die Saison legen, zu der Sie Ihre Kreuzfahrt antreten möchten. Teilweise unterscheidet sich die Zusammensetzung der Passagiere eines Schiffes sehr stark, je nachdem wann Sie damit fahren. In den Sommerferien werden Sie zum Beispiel bei einer einwöchigen Route im Mittelmeer ungleich mehr Familien mit Kindern finden als bei einer dreiwöchigen Transferreise außerhalb der Saison. Hier wird der Altersdurchschnitt wesentlich höher sein. Aus dem Pampers-Liner wird ein Senioren-Liner.

WAS BEDEUTET DAS NUN FÜR MICH?

Grundsätzlich gibt es zwei Herangehensweisen, die Sie bei der Suche nach Ihrer „perfekten Kreuzfahrt" zur Anwendung bringen können:

1. Das "Schiff als Ziel"

2. Das Fahrtgebiet beziehungsweise die Route als Ziel

Das bedeutet: Nummer 1 würde ich als die „US-Amerikanische Herangehensweise" bezeichnen. Für den dortigen Markt wurden die Schiffe, ähnlich wie in Europa, über die letzten Jahre immer größer und größer. Allerdings in einem Maße, von dem wir in Europa noch sehr weit entfernt sind. Das momentan (Stand :2022) größte Kreuzfahrtschiff der Welt ist die „Wonder of the Seas" der Reederei Royal Caribbean. Das Schiff fast maximal 6.988 Passagiere und etwa 2.300 Crewmitglieder. Auf ihr und den ähnlich großen Schwesterschiffen der so genannten „Oasis Class" findet der Gast eine eigene kleine Welt vor, mit deren Entdeckung er gut und gerne die gesamte Reise beschäftigt ist: Eine Einkaufsmeile, ein kleiner Park mit echten Pflanzen, mehrere Innen- und Außentheater, unzählige Restaurants und Bars, Rutschen, Kletterwände, Pools, und so weiter. Kein Wunder, dass viele Gäste das Schiff während der ganze Reise nicht verlassen. Und wenn, dann nur im gut organisierten Schoß der Reederei. So bietet die Reederei ihren Gästen in der Karibik eine eigene Insel (CoCoCay), welche auf die Kreuzfahrtgäste im Rahmen eines „Tagesausflugs" wartet. Ergo: Das "Schiff als Ziel".

Möchten Sie das? Im (noch) viel kleineren Maße ist das natürlich auch auf den Schiffen der Anbieter auf dem europäischen Markt möglich. Momentan sind wir hier noch weit von diesen Superlativen entfernt. Und auch die Gäste interessieren sich noch für die Länder, Menschen und Kulturen auf deren Route. Ergo: Das Fahrtgebiet beziehungsweise die Route als Ziel.

Sollten Sie sich aufgrund obiger Schilderungen eher zum Kreuzfahrer „Typ 1" zählen, so ist das Fahrtgebiet und die Route für Sie nahezu zweitrangig. Lediglich die An- und Abreise sowie das Wetter sollten in diesem Fall Ihre Routenwahl beeinflussen. Wenn Sie sich aber zum Typ 2" zählen, so sollten Sie sich auf jeden Fall mit den verschiedenen Fahrtgebieten und Routen auf dem Kreuzfahrtmarkt auseinandersetzen. Meines Erachtens ist dies noch wichtiger, als sich mit den Schiffen zu beschäftigen. Meine Empfehlung: Erst das Fahrtgebiet, dann die Route und schließlich das Schiff.

HAFEN FÜR DEN AUF- UND ABSTIEG

Später werde ich noch genauer darauf eingehen, dass Kreuzfahrten im Massenmarkt in der Regel für alle Passagiere im selben Hafen beginnen und enden. Beispiel: Die von ihnen gebuchte Reise beginnt für alle Passagier in Kiel und endet auch wieder in Kiel.

An dieser Stelle möchte ich einen kleinen „Profitip" einwerfen, der für Sie als Kreuzfahrt-Neuling allerdings nur bedingt anwendbar ist. Denn hierzu müssen Sie zum Einen die einzelnen Häfen der von ihnen ausgewählten Reise sehr gut kennen, der Routenverlauf muss ihnen geläufig sein und Sie müssen etwas abschätzen können, in welchem der Häfen die meisten Gäste aufsteigen werden.

Manchmal gibt es nämlich auch im Massenmarkt Routen, bei denen es möglich ist, in verschiedenen Häfen aufzusteigen. Gerade bei Transferreisen ist dies des Öfteren der Fall.

Was bedeutet das für Sie? Zum Einen könnten Sie unter Umständen Geld sparen, wenn Sie zum Beispiel einen Hafen später aufsteigen. So könnten die Kosten für den Flug zu diesem Ziel günstiger sein. Oder Sie umgehen den Hafen, in dem die meisten anderen Passagiere aufsteigen. Mein persönlicher Rekord: Kein weiterer Passagier beim Aufstieg, innerhalb von deutlich weniger als 30 Minuten war ich auf dem Schiff. Im nächsten Hafen war der Check-In für knapp 4.000 andere Gäste. Die hier beschriebene Vorgehensweise ist natürlich auch für den Abstieg anwendbar.

Schiffsarten

Keine Angst. Ich werde Sie an dieser Stelle nicht mit Fachbegriffen, Zahlen, Daten und Fakten zu den verschiedenen Kreuzfahrtschiffen nerven. Allerdings denke ich doch, dass man als Kreuzfahrt-Neuling sehr wohl etwas über die verschiedenen Schiffsarten wissen sollte. Das erleichtert es ihnen, die Schiffe, welche Sie für sich selbst in Betracht ziehen, besser einordnen zu können. Die folgende Darstellung ist grob vereinfacht und dient dazu, ihnen als Kreuzfahrt-Neuling einen Überblick zu geben. Es geht nicht um eine fachlich genaue Analyse des Kreuzfahrtmarktes! Die Aufteilung ist auch eher praxistauglich und orientiert sich an Gesichtspunkten, die für Sie als Kreuzfahrer wichtig sind.

Grundsätzlich könnte man zwei große Unterscheidungen treffen:

- Große Schiffe -> Massenmarkt
- Kleine Schiffe -> Luxussegment
- Exoten (der Vollständigkeit halber seien diese kurz erwähnt)

GROßE SCHIFFE (MASSENMARKT)

Auf den vorangegangen Seiten habe ich schon öfter den „Massenmarkt" und die „großen Schiffe" erwähnt. Doch was bedeutet das genau? Die Erklärung ist relativ einfach: Ausnahmslos alle Schiffe der beiden Marktführer auf dem deutschen Kreuzfahrtmarkt (AIDA und Mein Schiff) sind große Schiffe. Und beide Anbieter bedienen den Massenmarkt. Beide bieten ein standarisiertes Produkt. Dies bedeutet, dass deren Angebot massenkompatibel ist. Plump gesagt, bieten sie etwas, das den meisten Menschen gefällt. Außerdem ist es kosteneffektiv. Durch mehrere sich ähnelnde große Schiffe, die immer die selben Routen abfahren wird maximale Profitabilität erreicht. Zwar ist alles gut durchdacht und extreme Ausreißer nach unten, was Qualität und Service angeht, sollten eher die Ausnahme sein. Allerdings fallen diesem System die Individualität und manchmal auch der Komfort zum Opfer. So kann man nicht auf jeden individuellen Gästewunsch bis in Gänze eingehen und ein nicht so zentraler Liegeplatz oder kürzere Aufenthalte im Hafen sind oft der Preis, den man als Gast für ein bezahlbares Kreuzfahrterlebnis investieren muss.

Wonder of the Seas, das momentan (Stand: 2022) größte Kreuzfahrtschiff der Welt. 362m lang, 66m breit, 6988 PAX, 2394 Crew, Indienststellung: 2022.

KLEINE SCHIFFE -> LUXUSSEGMENT

Hier wird es schon schwieriger. Zunächst sollten wir den Begriff Luxus definieren. Ich möchte zum Beispiel nicht ausschließen, dass ein Passagier einer ganz normalen „Massenmarkt-Kreuzfahrt" das Erlebnis dort als absoluten Luxus bezeichnen würde. Das kommt ganz auf seinen Hintergrund an. Abgesehen davon kann man „Luxus" bei einer Kreuzfahrt allerdings durchaus an einigen Dingen fest machen:

• BRZ (Brutto-Raum-Zahl, auch Space-Guest-(Passenger) Ratio - engl. Gross Tonnage GT) bezeichnet grob vereinfacht das Volumen des Schiffs. So hat zum Beispiel das momentan größte Kreuzfahrtschiff der Welt, die „Wonder of the Seas" eine BRZ von 236.857, die AIDAnova, das momentan größte Kreuzfahrtschiff einer deutschen Reederei hat eine BRZ von 183.858 und die MS Europa von Hapag Lloyd, die vom britischen Kreuzfahrtführer „Berlitz Complete Guide to Cruising & Cruise Ships" zwölf Mal in Folge als bestes Kreuzfahrtschiff in der Kategorie „5-Sterne-plus" ausgezeichnet wurde, hat eine BRZ von 28.890. Diese BRZ für sich alleine sagt allerdings noch nicht wirklich viel aus. Interessant wird es erst, wenn man die BRZ pro Passagier angibt. Also wieviel „Volumen" des jeweiligen Schiffs ein Passagier (theoretisch) zur Verfügung hat. Einfache Formel hierfür: BRZ/Anzahl der maximal möglichen Passagiere. Das ergibt eine BRZ pro Passagier für die Wonder of the Seas von 33,89, für die AIDAnova von 27,85 und die MS Europa von 70,80. Kurz gesagt: Ein Passagier auf der MS Europa hat mindestens doppelt so viel „Platz", wie ein Passagier auf einem Schiff im Massenmarkt.

• Das Verhältnis der Passagieranzahl zur Anzahl der Crewmitglieder ist ebenfalls ein Merkmal: Wonder of the Seas: 6.988 PAX (Passagiere) zu 2.300 Crew, also 1 Crew pro 3 PAX. Bei der MS Europa werden 408 Passagiere von 275 Crewmitgliedern betreut. D.h. 1 Crew pro 1,48 Pax, oder mit anderen Worten mehr als doppelt so viele Crewmitglieder kümmern sich um einen Passagier.

Diese Aufstellung der Schiffsarten- und Unterschiede lässt sich noch um einige weitere Punkte erweitern. Da ich auf diese allerdings im Detail auf den folgenden Seiten eingehen werde, an dieser Stelle nur einige Stichpunkte:

- Hafenanläufe und Verweildauer

- Qualität der Speisen und Getränke

- Größe und Ausstattung der Kabinen

- Arrangement von individuellen Erfahrungen für die Passagiere

EXOTEN

Nur erwähnen möchte ich an dieser Stelle die „Exoten" unter den Kreuzfahrtschiffen. Hierzu zählen zum Beispiel Segelschiffe und Expeditionsschiffe. Es spricht nichts dagegen, diese Schiffsklassen auch als Anfänger in die Reiseüberlegungen mit einzubeziehen. Ich möchte allerdings im Folgenden nicht weiter auf diese eingehen, da vieles, was ich ihnen in diesem Buch mitteile auch auf diese Schiffe zutrifft und ich davon ausgehe, dass nur wenige Kreuzfahrt-Neulinge diese Schiffe in Betracht ziehen werden.

ALTER DES SCHIFFES

Kreuzfahrtschiffe werden im Durchschnitt für eine Dienstzeit von 40 Jahren konzipiert. Die rasante Entwicklung im Kreuzfahrtsegment in den letzten Jahrzehnten machte natürlich auch nicht vor den Schiffen selbst halt. Sie wurden nicht nur immer größer, sondern auch deren Konstruktionsweise wurde immer ausgefeilter und neue Attraktionen kamen hinzu. Selbst heute so selbstverständliche Dinge, wie der in der Zwischenzeit beliebteste Kabinentyp, die Balkonkabine, suchte man auf einem Schiff vor 30 Jahren vergebens. Die italienische Reederei Costa versah in den 1990er Jahren erste Schiffe mit Balkonkabinen.

Auch die Passagierkabinen von Früher sind mit denen von Heute absolut nicht mehr zu vergleichen. Egal ob Innen-, Außen- oder neu hinzu gekommene Balkonkabine. Sie können davon ausgehen, dass die Kabinen auf neuen Schiffen oftmals, wenn auch nicht immer, größer sind. Aber auf jeden Fall sind diese wesentlich durchdachter konzipiert als früher. Ist ein Schiff erst einmal gebaut, so ist es nahezu unmöglich, an der Größe der Kabinen etwas zu ändern. Das Design, die Aufteilung und Gestaltung lassen sich über die Jahre anpassen, der Rest aber gar nicht oder nur mit extrem großem Aufwand.

In den letzten Jahren kamen mehr und mehr Schiffe, die auf das „Schiff-im-Schiff"-Konzept bauen, auf den Markt. Hierbei gibt es auf dem Schiff exklusive Bereiche, die zum Beispiel nur den Gästen, welche eine Suite gebucht haben, vorbehalten sind. Das kann eine exklusive Lounge, ein eigenes

Restaurant oder ein Außenbereich mit Pool sein. Diese Gäste können wie alle anderen Gäste auch das ganze Schiff nutzen, aber eben diese speziellen Bereiche sind nur ihnen vorbehalten. Dort herrscht ansatzweise die Atmosphäre eines Schiffes im Luxussegment.

Aber auch für welches Fahrtgebiet und welche Zielgruppe ein Schiff konzipiert wurde, spielt eine Rolle. Schiffe für eher kühlere Fahrtgebiete, wie zum Beispiel die Routen in den nördlichen Breiten, weisen oft mehr Innenbereiche auf oder zumindest flexible Bereiche, die zum Beispiel mit einem fahrbaren Dach im Bedarfsfall geschlossen werden können. Schiffe, die man nur in der Karibik finden wird, werden unter Umständen mit mehr Wasserrutschen oder mehr Liegeflächen im Freien versehen. Richtet sich das Schiffskonzept eher an die jüngere Generation, so werden Sie einen Kartenraum oder eine Bibliothek vergeblich suchen. Dafür wird es genug Platz zum Feiern, Treffen und Tanzen geben. Möchte man Familien ansprechen, so werden die Bereich für Kinder recht groß ausfallen und Sie könnten sich zur Ferienzeit mit einer Anzahl von Kindern im 3- oder sogar 4-stelligen Bereich auf dem Schiff wieder finden. Der Massenmarkt ist zwar noch weit davon entfernt, wirklich explizit auf verschiedene Zielgruppen zugeschnittene Konzeptschiffe auf den Markt gebracht zu haben. Dennoch verfolgt jede Reederei ein bestimmtes „Firmenimage", welches sich auch in der Ausstattung, dem Design und der Konzeption des Unterhaltungsprogramms eines Schiffes wieder findet.

LOW-BUDGET-SCHIFF VS. PREMIUM SCHIFF

Schnäppchen-Kreuzfahrten werden teilweise bereits ab wenigen Hundert Euro pro Person und Woche angeboten. Für eine Kreuzfahrt im Premiumsegment, also dem qualitativ oberen Ende im Massenmarkt bezahlt man gut und gerne das Doppelte. Im Detail gehe ich später auf die Unterschiede dieser beiden Angebote ein. An dieser Stelle möchte ich die Frage beantworten, ob sich ein „Schnäppchen-Schiff" von einem „Premium-Schiff" unterscheidet, es geht also hier nur um die Hardware, das Schiff selbst. Die Antwort ist nein! Sie müssen keine Angst haben, dass bei dem Schiff, mit dem Sie Ihre Schnäppchen-Kreuzfahrt machen, zum Beispiel an der Sicherheit gespart wurde. Das geht schon rein rechtlich nicht und das Risiko für die Reederei damit früher oder später massive Probleme zu bekommen, wäre viel zu groß. Es werden also keine Rettungsboote weggelassen und Rettungswesten sind für alle Passagiere in ausreichenden Mengen vorhanden. Auch an der Ausstattung des Schiffs werden Sie es nicht merken. D.h. hier fängt vielleicht so ganz allmählich der Unterschied an. Allerdings sehr subtil und kaum merklich. Als Laie wundert man sich, wo man im Massenmarkt selbst mit Kleinigkeiten großes Geld sparen kann. Doch noch einmal: Vertrauen Sie darauf, dass ein Schiff, mit dem Schnäppchenreisen durchgeführt werden, genauso sicher und gut sein kann, wie ein Premiumschiff. Selbstredend setzt das natürlich voraus, dass wir nicht Äpfel mit Birnen vergleichen. Die Schiffe müssen also in etwas gleich alt sein, ungefähr die selbe Größe haben und auch ansonsten miteinander vergleichbar sein.

Seekrankheit

WERDE ICH SEEKRANK ODER NICHT?

Oft schwebt die Befürchtung „Und wenn ich nicht seefest bin? Wenn ich seekrank werde?" wie ein Damoklesschwert über den Vorbereitungen einer Kreuzfahrt. Meines Wissens gibt es keinen Test oder Ähnliches, mit dem sich zuverlässig feststellen ließe, ob man seekrank werden könnte oder nicht. Allerdings gibt es meiner Erfahrung nach einige Indizien dafür, ob man hierfür eher anfällig ist oder eben nicht.

Wenn Sie zum Beispiel am Rummelplatz jeden Ritt in einem Fahrgeschäft, sei er auch noch so wild, ohne den kleinsten Anflug von Übelkeit überstehen, so können Sie davon ausgehen, dass ihnen auch der Seegang nichts anhaben wird. Im umgekehrten Fall, bei jemandem, der auf dem Rummelplatz nicht einmal das Kettenkarussell besteigen sollte, kann es auch auf einem Schiff eher zur Seekrankheit kommen. Kann muss aber nicht! Ich kenne Leute, die werden schon seekrank, wenn das Schiff noch im Hafen liegt. Anderen wiederum macht der schlimmste Seegang nichts aus und sie merken sehr lange gar nichts bis es von einem Moment auf den nächsten um sie geschehen ist. Die ganz Harten merken nie etwas.

Genauso kann es sein, dass man zum Beispiel jahrelang nie seekrank wurde und plötzlich macht einem der Seegang zu schaffen. Oder umgekehrt. Vieles hängt auch nicht nur von der Höhe der Wellen ab, sondern auch davon, wie Sie auf das Schiff treffen und in welcher Art und Weise sich das Schiff deshalb bewegt. Es gibt die tollsten Bezeichnungen dafür, was Schiffe dann machen: Schwanken, rollen, klopfen, stampfen und so weiter.

KOMMT ES OFT ZU RAUER SEE?

Lassen Sie mich zunächst klar stellen, dass es sich, wenn ich hier von rauer See spreche, in keinster Weise um Weltuntergangszenarien, Monsterwellen oder ähnliches handelt. Bereits die Kombination aus recht leichten Wellen, etwas stärkerem Wind aus einer ungünstigen Richtung und einem unvorteilhaften Kurs, den das Schiff fahren muss, kann zu merklichen Bewegungen selbst großer Schiffe führen. Wobei man ganz klar sagen muss, dass die Schiffsbewegung mit der Größe des Schiffs deutlich abnimmt.

Grundsätzlich legen es eine Reederei und der Kapitän bei der Routenplanung nicht darauf an, bewusst in schlechtes Wetter und somit eine raue See zu fahren. Sie können also zunächst einmal davon ausgehen, dass Sie bei einer Kreuzfahrt im Massenmarkt gar nicht erst in die von Haus aus rauen Gewässer fahren werden.

Natürlich kann es trotzdem immer wieder einmal passieren, dass es auf See zu schlechtem Wetter und somit rauer See kommt. Aber auch auf sonst ruhigen Routen gibt es die ein oder andere Stelle und Passage, die für eine etwas rauere See bekannt ist. Da muss man dann eben durch. Erfahrene Kreuzfahrtberater kennen diese Orte beziehungsweise Konstellationen die evtl. nur zu bestimmten Jahreszeiten auftreten können.

WIE MACHT SICH DIE SEEKRANKHEIT BEMERKBAR?

Kurz gesagt: Übelkeit, Brechreiz bis zum Erbrechen, Schlappheit und Müdigkeit. Es gibt auch noch andere Symptome, die meiner Erfahrung nach aber wesentlich seltener auftreten. Genauso schnell, wie die Seekrankheit kommt, geht diese aber auch wieder. Das heißt., sobald das Schiff wieder ruhig liegt oder man an Land ist, sind die Symptome weg.

WAS KANN MAN GEGEN SEEKRANKHEIT TUN?

Meine dringende Empfehlung: Sobald Sie sich auf einem Schiff befinden und es ihnen irgendwie konstant flau in der Magengegend ist, unternehmen Sie sofort etwas dagegen! Dabei ist es egal, auf welchem Gewässer und welchem Schiff Sie sind. Egal wie groß, egal wie klein, ob im Hafen oder auf See, ob bei spiegelglattem Wasser oder bei Seegang. Es ist dabei auch völlig egal, was die anderen Leute um Sie herum tun. Es kann getanzt, gefeiert, getrunken und gelacht werden. Jeder reagiert auf die Umstände anders. Sie haben dieses flaue Gefühl in der Magengegend? Tun Sie etwas dagegen, sofort! Alles andere würde bedeuten, dass Sie sich selbst quälen.

In Apotheken gibt es zahlreiche Mittel gegen Seekrankheit (oder Reisekrankheit). Ich empfehle Tabletten gegen Reisekrankheit mit den entsprechend erprobten Wirkstoffen. Es werden auch noch homöopathische Mittel, Armbändern oder ähnliche Dinge angeboten. Hierzu habe ich keine persönlichen Erfahrungen. Lassen Sie sich am Besten im Rahmen Ihrer Reisevorbereitungen in einer Apotheke beraten.

Nehmen Sie eine dieser Tabletten ein. Legen Sie sich anschließend flach hin und schließen die Augen. Nach etwa 30 Minuten sollte das Mittel wirken und Sie merken zwar noch den Seegang, dieser kann ihnen aber nichts mehr anhaben. Doch Vorsicht: Die meisten Mittel gegen Seekrankheit haben eine merkliche Nebenwirkung: Man wird davon unter Umständen sehr müde. Wundern Sie sich also nicht, wenn die folgende Nacht einer Ihrer besten mit dem tiefsten Schaf an Bord wird. Noch ein weiterer Tipp, auch wenn dieser zunächst etwas kontraproduktiv klingt: Essen Sie etwas! Komischer Weise fällt das im Anfangsstadium der Seekrankheit leichter als gedacht und es hilft enorm. Glauben Sie mir!

Kreuzfahrt mit Handikap?

Wenn Sie zu dem Personenkreis gehören, der gesundheitlich nicht auf der Höhe ist, fragen Sie sich vielleicht, ob Sie mit Ihrem Handikap und einer Kreuzfahrt gut beraten sind. Eine endgültige Antwort kann ich ihnen an dieser Stelle leider nicht geben. Dennoch einige Hinweise.

Sollten Sie in Ihrer Mobilität eingeschränkt und zum Beispiel im Rollstuhl sitzen oder auf eine Gehhilfe angewiesen sein, so trifft im Wesentlichen auch bei einer Kreuzfahrt das zu, was zum Beispiel bei einem Aufenthalt in einem guten Hotel gilt. Alle modernen Kreuzfahrtschiffe sind barrierefrei. Bedenken Sie aber, dass man auf einem Schiff generell weite Strecken zurücklegen muss, diese können sich mit Rollstuhl oder Gehhilfe noch verlängern, da nicht jedes Mal gleich neben einer Treppe auch ein Lift oder eine Rampe vorhanden ist. Außerdem müssen Sie berücksichtigen, wie die einzelnen Hafenanlagen und Orte auf Ihrer Route ausgebaut sind. Manchmal bedeutet ein Mangel an Barrierefreiheit, dass die Reederei im ein oder anderen Hafen keine barrierefreien Ausflüge anbietet. Bitte informieren Sie sich deshalb vor Ihrer Kreuzfahrt besonders gut. Der Teufel liegt hier oft im Detail. Sie selbst wissen, welche Voraussetzungen für Sie am besten sind, klären Sie diese konkreten Punkte vor Ihrer Reise und bleiben Sie hartnäckig, bis Sie über zufrieden stellende Antworten verfügen.

Auch bei anderen Erkrankungen kann auf dem Schiff Rücksicht darauf genommen werden. Ich denke hier zum Beispiel an Diabetes oder Lebensmittelunverträglichkeiten. Aber auch hier: Informieren Sie sich bitte unbedingt, ob dies bei der von ihnen gewählten Reederei auch tatsächlich der Fall ist und ob Sie hier im Vorfeld Vorkehrungen treffen müssen.

Bestimmte Krankheitsbilder sind auf Kreuzfahrtschiffen leider nicht gerne gesehen. So dürfen Personen, die auf eine externe Sauerstoffversorgung angewiesen sind, nicht mit fahren. Ich würde auch jemandem, der sich noch in einem verhältnismäßig frühen Genesungsstadium nach zum Beispiel einer Operation befindet und bei dem es noch relativ wahrscheinlich zu Komplikationen kommen kann, nicht unbedingt raten, auf Kreuzfahrt zu gehen.

Aber ansonsten: Warum nicht! Sprechen Sie am besten mit Ihrem Hausarzt über Ihr Vorhaben. Ein gutes Reisebüro oder die Hotline der Reederei des von ihnen favorisierten Schiffes kann ihnen auch bei Fragen während der Vorbereitung helfen. Zu guter Letzt möchte ich Sie auf die bereits erwähnten Foren und Gruppen verweisen. Suchen Sie dort nach Kreuzfahrern mit den selben Herausforderungen und fragen diese nach deren Erfahrungen.

Low-Budget vs. Premium

Bei Ihren Recherchen wird ihnen relativ schnell die, auf den ersten Blick, große Preisdiskrepanz zwischen den einzelnen Reedereien auffallen. Für das gleiche Fahrtgebiet und eine so gut wie identische Route auf einem ähnlich großen, fast gleichen Schiff und zur mehr oder weniger identischen Reisezeit werden Preise aufgerufen, die sich um viele Hundert Euro pro Person und Woche unterscheiden können. Ganz klar: Bitte schließen Sie bei dieser Betrachtung gleich einmal die Apfel-Birnen-Sache aus: Ein Luxusschiff für weniger als 1.000 Passagiere werden wir hier nicht mit einem Schiff für 3.000 Gäste aus dem Massenmarkt vergleichen! Bitte beachten Sie das!

Aber woher kommen diese großen Preisunterschiede und noch viel wichtiger für Sie als Kreuzfahrt-Neuling: Was bedeuten diese für Ihr Reiseerlebnis? Zunächst müssen Sie im Hinterkopf behalten, dass auch Kreuzfahrtanbieter nur mit Wasser kochen. Irgendwo muss also das Geld, das Sie für die Buchung Ihrer Low-Budget Kreuzfahrt gegenüber einer Premiumreise weniger bezahlen müssen, auf dem Schiff eingespart werden.

Manches ist offensichtlich: Es wird nicht an der Sicherheit gespart werden (können). Einer Werft ist es bei der Konstruktion und dem Bau eines Schiffes ebenfalls egal, ob es als Low-Budget-Schiff oder Premiumschiff seinen Dienst verrichten wird. Und ein Crewmitglied muss hier wie dort arbeiten und wird in etwa den selben Lohn verlangen. Andererseits kann man sehr wohl an kleinen Details sparen: Bodylotion auf der Kabine - gestrichen; zweiter Kabinenservice am Abend - gestrichen; Getränke, außer Wasser, zu den Essenszeiten im Buffetrestaurant - gestrichen; Nüsse zu Ihrem Cocktail - gestrichen; Öffnungszeiten der inkludierten Restaurants - verkürzt; Liegezeiten in den Häfen - kürzer; Liegeplatz im Hafen - kann auch weiter abseits sein; und so weiter. Darüber hinaus wird natürlich auch an der Preisschraube der Zutaten für Speisen und Getränke gedreht. Natürlich ist alles frisch und nicht verdorben! Aber teure Früchte oder Zutaten werden Sie auf einem Low-Budget-Schiff weniger finden. Und leider werden Sie auf einer Low-Budget Reise für fast alles, was über das unbedingt notwendige hinausgeht zur Kasse gebeten. Betrachten Sie bitte hierzu das folgende Kapitel und das über die Getränkepakete.

Grundsätzlich bedeutet all dies im Umkehrschluss, dass Sie auf einem Premiumschiff Angebote finden werden, die ein Low-Budget-Schiff nicht bietet. Dies gilt sowohl für Speisen und Getränke, aber auch für andere Angebote, für die sich auf einem Low-Budget-Schiff einfach nicht die Klientel finden würde. Dies führt mich zu einem weiteren großen Unterschied: Auf einem Premiumschiff werden Sie andere Passagiere finden, als auf einer Low-Budget Kreuzfahrt. Ohne dies werten zu wollen, es ist einfach so. Und: Im Feld zwischen Low-Budget und Premium gibt es natürlich eine schier unendliche Vielfalt!

Inklusive vs. Extra

Zum Abschluss noch einmal kurz und knapp ein paar Worte über Inklusivleistungen an Bord, also den Dingen, die Sie bereits mit Ihrem Reisepreis bezahlt haben und Extraleistungen, für die Sie bei Bedarf an Bord noch bezahlen müssen.

INKLUSIVE

• Gebuchte Kabine inklusive Reinigung und Amenities (zum Beispiel Toilettenartikel)

• Liegen, Handtücher, etc. in den öffentlichen Bereichen

• Zugang zum Fitnesscenter

• Speisen im Rahmen einer Vollpension, meist in Form von drei Mahlzeiten (Frühstück, Mittagessen und Abendessen) sowie einer Kuchen- und Kaffeezeit am Nachmittag. Achtung: Getränke sind hier je nach Reederei meist nicht inkludiert. Im Extremfall ist nur Wasser zu den Mahlzeiten kostenfrei. Es können aber auch diverse Getränke zu den Mahlzeiten kostenlos erhältlich sein. Bitte informieren Sie sich hier genau, dies ist wichtig für die Entscheidung, ob Sie ggf. ein Getränkepaket (siehe eines der folgenden Kapitel) hinzu buchen sollten.

• Unterhaltungsprogramm (zum Beispiel Abendshow im Theater, Livemusik in den Bars), sofern nicht anders angegeben.

• Kinderbetreuung, spezielle Angebote können hier allerdings kostenpflichtig sein.

EXTRA

• Alle Getränke und Speisen an Bord, die Sie außerhalb der inkludierten Restaurants bekommen.

• Spezielle Angebote, Kurse und Veranstaltungen

• Wäschereiservice

• Spa- und Wellnessanwendungen

• Landausflüge

• Behandlungen im Bordhospital

• Internetzugang

SCHIFFE MIT ALL INCLUSIVE (ALLES INKLUSIVE)

Einer der Marktführer auf dem deutschen Kreuzfahrtmarkt, die Reederei TUI Cruises, mit ihrer Mein Schiff-Flotte bietet schon immer ausschließlich eine Art „All Inclusive" auf ihren Schiffen an. Hierbei sind so gut wie alle Getränke, die an Bord angeboten werden, im Reisepreis enthalten. Gleiches gilt für die Speisen in den Restaurants, bis auf einige Ausnahmen. Dieses Konzept wird in der Zwischenzeit auch von anderen Reedereien als hinzu buchbarer Baustein angeboten. Bitte schauen Sie also ganz genau hin, wenn Sie die Reisen verschiedener Anbieter vergleichen! Auf den folgenden Seiten, wenn es um die Getränkepakete geht, werden Sie sehen, wie hoch Sie in etwa die Kosten für Getränke an Bord veranschlagen müssen.

Was Kreuzfahrtschiffe bieten

Essen und Trinken

Sie können sich schon einmal auf Sprüche wie „Dann kannst du dir an Bord auch gleich größere Klamotten kaufen!" oder „Und danach 4 Wochen Diät?" gefasst machen. Eine Kreuzfahrt wird landläufig nämlich mit nahezu rund um die Uhr verfügbarem Essen und Trinken in Verbindung gebracht. Was soll ich sagen - da haben die Spötter nicht ganz unrecht. Es muss schon einiges schief gehen, damit Sie während Ihrer Kreuzfahrt einmal hungrig zu Bett gehen.

ESSEN

Bis auf wenige Ausnahmen, zum Beispiel sehr kleine Expeditionsschiffe, verfügt jedes Kreuzfahrtschiff über mehrere Restaurants.

In der Regel finden Sie meist mindestens ein Restaurant, in dem das Essen in Buffetform angeboten wird. D.h. die Gäste können sich zum Frühstück, Mittagessen, evtl. zur Kaffee- und Kuchenzeit und dem Abendessen an schönen Buffets selbst bedienen. Ein Trend, der bei manchen der ganz neuen Schiffen auf dem Markt zu beobachten ist: Das nach dem herkömmlichen „Buffet-Modell" aufgebaute Restaurant wird durch eine Art „Food-Meile" ersetzt. Dort findet der Gast viele kleine Stationen, deren Präsentation thematisch orientiert ist (zum Beispiel Burger, Asiatisch, Tapas, Gesund, und so weiter). Diese Leistung ist meist im Reisepreis enthalten.

Unter Umständen gibt es auch noch ein großes Bedienrestaurant, in dem die Hauptmahlzeiten ebenfalls im Reisepreis enthalten sind. Je nach Reederei und Schiffskonzept wird ihnen für die Reise eine fixe Tischzeit sowie ein fester Tisch zugewiesen. Beispiel: Tisch 110 in der zweiten Tischzeit ab 20:45 Uhr. Sollten Sie mit dieser Vorauswahl des Tisches und der Zeit nicht zufrieden sein, so besteht fast immer die Möglichkeit, diese beim Maître des Restaurants zu ändern. Es gibt aber auch Konzepte, bei denen haben Sie im Bedienrestaurant keine festen Zeiten und Tische. D.h. Sie kommen während der Öffnungszeiten des Restaurants und ihnen wird ein Tisch gezeigt, an dem Sie zu dieser einen Mahlzeit Platz nehmen können. In der Regel wird ihnen in diesen Restaurants zu jeder Mahlzeit ein anderes mehrgängiges Menü serviert. Hierzu wählen Sie aus einer kleinen Karte Ihre Gerichte aus beziehungsweise stellen sich aus der Frühstückskarte Ihre Wunschkombination zusammen.

Je nach Reederei verhält es sich mit den Getränken in diesen Restaurants ganz unterschiedlich. Es kann sein, dass Sie unter Umständen dort für alle Getränke bezahlen müssen, vielleicht ist auch nur stilles Wasser im Preis inkludiert oder während der Tischzeiten werden ihnen Softdrinks, Bier, Wein und Kaffee inkludiert angeboten. Hier bedarf es einer gründlichen Recherche im Vorfeld Ihrer Reise, damit Sie an Bord nicht eine böse (Kosten)Überraschung erleben.

Was nun kommt ist je nach Schiff höchst individuell. Sie können aber davon ausgehen, dass Sie auf den größeren Schiffen im Massenmarkt noch einige weitere Restaurants finden werden. Je nach Konzept wird das Essen dort ebenfalls im Reisepreis inkludiert sein, eine vorherige Reservierung wird aber manchmal empfohlen. Hier mein Tipp: Oft kann man bereits im Vorfeld einer Reise viele Dinge buchen und reservieren. Sollten Sie unbedingt ein ganz bestimmtes Restaurant auf dem Schiff besuchen oder zu einem ganz bestimmten Zeitpunkt auf dem Schiff essen gehen wollen (zum Beispiel um einen Geburtstag zu feiern), so empfehle ich ihnen diesen Service zu nutzen und Ihre Restaurantbuchung im Vorfeld zu tätigen. Sie werden aber auch Restaurants vorfinden in denen Sie, genauso wie an Land, für Speisen und Getränke bezahlen müssen. Dazwischen finden Sie wie immer unzählige Kombinationsmöglichkeiten.

Sollten Sie, aus welchem Grund auch immer, auf Ihre Ernährung achten (müssen), so bieten mehr und mehr Schiffe auch Gerichte an, die auf unterschiedliche Ernährungskonzepte Rücksicht nehmen. Allerdings ist es noch nicht bei jeder Reederei selbstverständlich, dass man so ohne Weiteres zum Beispiel speziell für Vegetarier konzipierte Gerichte bekommt. Auch die speziellen Erfordernisse bei Intoleranzen sind bei manchen Reedereien noch nicht angekommen. Dem hingegen gibt es Schiffe, auf denen Sie sogar schon Restaurants finden, die nur vegetarische und vegane Kost servieren - und das teilweise als Inklusivrestaurants. Auch hier der Hinweis: Sollten Sie bezüglich Ihrer Ernährung auf etwas Rücksicht nehmen müssen - informieren Sie sich unbedingt im Rahmen Ihrer Reisevorbereitungen!

TRINKEN

Neben zahlreichen Restaurants werden Sie auch einige Bars an Bord finden. Hier toben sich die Reedereien auf ihren Schiffen mit den verschiedensten Konzepten aus. Angefangen bei klassischen Bars, über Themenbars, die den momentanen Zeitgeist wieder spiegeln bis hin zu Pubs, Sports Bars oder den unverzichtbaren Pool Bars ist für jeden Geschmack etwas dabei. Genauso groß, wie die Vielfalt der Bars ist auch deren Getränkeangebot. Zwar richtet sich das Sortiment auch etwas nach der Zielgruppe an Bord (Im Gegensatz zu der Barkarte auf einem Luxusschiff werden Sie in der Karte eines Schiffes im unteren Preissegment eher nicht so viele Champagner Cocktails finden.), dennoch sind die Unterschiede hier eher im Detail zu finden. Viel wichtiger: Fast immer sind alle Getränke an Bord nicht im Reisepreis enthalten. Bis auf wenige Alles-Inklusive Konzepte mancher Reedereien (zum Beispiel auf dem deutschen Markt bei „Mein Schiff", Stand: 2022) verdienen die Reedereien mit ihren Bars an Bord recht viel Geld. Abhilfe könnte hier ein so genanntes Getränkepaket der Reederei bringen. Was das ist, ob sich das lohnt und was Getränke an Bord in etwa kosten, dazu später mehr.

Schiff	Restaurants	Bars
AIDAnova	17	18
Costa Toscana	11	19
Europa	5	6
Mein Schiff 2	12	17

Zur Veranschaulichung: Beliebte und bereits erwähnte Schiffe mit der Anzahl an Restaurants und Bars (Stand: 2022)

Das Bordprogramm

Jede Schiffscrew ist bestrebt, Ihren Aufenthalt so angenehm und unvergesslich wie nur irgend möglich zu gestalten. Um das zu erreichen, wird ein tägliches Bordprogramm zusammen gestellt. In der Regel wird dieses in gedruckter Form jeden Abend in Ihre Kabine geliefert oder Sie finden es in der jeweiligen Schiffs-App der Reederei (falls vorhanden). Neben nützlichen Informationen zu Öffnungszeiten, Landgängen, Kontaktmöglichkeiten und nennenswerten Ereignissen des Tages werden dort alle wichtigen Termine aus dem Unterhaltungsprogramm veröffentlicht.

Unterhaltung

Den Gästen werden an Bord den ganzen Tag über dutzende Aktivitäten angeboten, an denen teilweise ohne, manchmal mit Anmeldung, meist kostenlos, manchmal gegen Gebühr, teilgenommen werden kann. Das fängt beim „Morgenspaziergang auf Deck 11 um 8 Uhr" an und geht bis zum „Mitternachtspoker um 0 Uhr im Kasino". Auf den meisten Schiffen ist man recht kreativ, was diese Angebote angeht. Oft steuern die einzelnen Departments etwas bei, so dass ein buntes Angebot entsteht: Modenschau, Cocktail-Workshop, Tanzstunde, Weinverkostung, Uhrenpräsentation, Gemäldeversteigerung, Nachmittagsgymnastik, BMI-Beratung, Kindershow, oder die Kreuzfahrtklassiker Bingo und Shuffleboard, und so weiter. Und das sind wirklich nur ganz wenige Beispiele. Und auch nur die Aktivitäten neben denen der Profis, den Musikern aus den Bars und den Künstlern im Theater, die ebenfalls täglich ihr Programm bieten.

Natürlich hängt das Unterhaltsprogramm von der Zielgruppe der Reederei ab. Deshalb ist es für Sie besonders wichtig, im Vorfeld zu vergleichen, welches der teils sehr unterschiedlichen Konzepte ihnen am Besten liegt. Nicht, dass Sie als ausgepowerter Erholung suchender Gast auf einem Party Schiff landen!

Erholung, Wellness und Sport

Auch die Reedereien tragen den enorm veränderten Gästebedürfnissen in diesem Bereich Rechnung. Fand man früher auf Schiffen einen lieblos irgendwo hin verbannten Fitnessraum, so muss es heute schon ein ganzes Fitnesscenter sein. Im Idealfall auch noch ganz vorne am Schiff, auf einem der oberen Decks mit Blick nach draußen, damit man vom Laufband aus aufs weite Meer blicken kann. Auch aus einer kleinen finnischen Sauna wurden Wellnesstempel mit Saunen, Whirlpool, Anwendungsräumen und Ruheoasen. So kann in der Zwischenzeit der Wellness- und Sportbereich eines Schiffes oftmals weit mehr bieten als der eines Hotels an Land. Doch auch hier ein Hinweis: Mir ist kein Schiff bekannt, auf dem der Zugang in den Fitnessbereich kostenpflichtig ist. Doch in der Regel, bis auf wenige Ausnahmen im Massenmarkt und den Schiffen im Luxussegment ist der Zugang zum Wellnessbereich kostenpflichtig. Anwendungen sowie Stunden mit einem Personaltrainer oder Massagen sind immer zu bezahlen und können je nach Reederei auch relativ teuer sein. Sollten Sie während Ihrer geplanten Reise diese Angebote nutzen wollen, so informieren Sie sich bitte im Vorfeld. Auch eine Vorausbuchung im Onlineportal ist manchmal empfehlenswert.

Einkaufen an Bord

Ich hatte zuvor bereits die schwimmenden Einkaufsmeilen auf den riesigen US-Schiffen erwähnt. Diese sind natürlich das eine Extrem. Das andere sind die mit einer Person besetzten Mini-Boutiquen auf den kleinen Expeditionsschiffen. Aber selbst dort wird dem geneigten Gast die Möglichkeit geboten, sich seinen Einkaufsgelüsten auch auf hoher See hinzugeben.

In der Regel finden Sie auf jedem Schiff Shops. Das Sortiment richtet sich nach der Klientel des jeweiligen Schiffes und ist so vielfältig wie der Kreuzfahrtmarkt. Doch Achtung: Verlassen Sie sich bitte nicht darauf, dass Sie sich in den Shops mit Dingen des täglichen Bedarfs eindecken können. Jeder Shop bietet zwar ein sehr kleines Basis-Sortiment für die zu Hause vergessene Dinge an. Dieses reicht aber meist nur bis hin zu Zahnbürste, Body Lotion, Rasierapparat, Damenbinde und Co. Viel mehr finden Sie dort statt dessen Duty Free Artikel wie Zigaretten und Alkohol, Oberbekleidung, Taschen, Schmuck und Uhren. Je nach Schiff im niedrigen, mittleren oder hohen Preissegment.

Oft wird die Frage gestellt: Soll ich beziehungsweise lohnt es sich, an Bord etwas zu kaufen. Die ganz klare Antwort: Das kommt darauf an! Auch ein Bordshop kocht nur mit Wasser. Angebote, Reduzierungen und vermeidliche Schnäppchen werden Sie auch dort finden. Ob die Angebote allerdings das halten, was sie versprechen, müssen Sie für sich selbst entscheiden. Sie werden aber nicht übers Ohr gehauen. Die Shops werden in der Regel von der Reederei selbst oder seriösen Konzessionären betrieben. Bitte berücksichtigen Sie aber, vor allem bei teurem Schmuck und hochwertigen Uhren, dass auch der Zoll bei Ihrer Rückkehr Interesse an Ihren Mitbringseln und Einkäufen haben könnte. Hier lohnt es sich, vorher Informationen über Zollfreigrenzen einzuholen. Und machen Sie sich auch Gedanken über evtl. Garantieansprüche. Wem gegenüber können Sie diese dann an Land geltend machen? Bei einer Hose spielt dies sicherlich keine große Rolle, aber bei einer hochwertigen Markenuhr vielleicht schon.

Trotz dieser warnenden Worte möchte ich ihnen nicht den Spaß am Shopping auf dem Schiff verderben. Sicherlich bringt ein Streifzug durch die Shops, gerade an einem Seetag, etwas Abwechslung in den Schiffsalltag. Es gab auch schon Ehefrauen, die sich darüber gefreut haben, endlich einmal ihren Mann beim Shopping auf dem Schiff voll und ganz für sich zu haben - weit weg konnte er schließlich nicht laufen. Oder andere Frauen nutzten die Gelegenheit und kleideten ihren Mann von Kopf bis Fuß neu ein.

Hinweis: Die Shops dürfen wegen der Zollvorschriften in den meisten Häfen nicht öffnen. Im Bordprogramm werden die Öffnungszeiten angegeben. In manchen Fahrtgebieten werden, ebenfalls wegen dem Zoll, keine Zigaretten und Alkoholika in den Bordshops verkauft.

AUCH IRGENDWIE SHOPPING - BORDFOTOGRAF UND GALERIE

Auf jedem Kreuzfahrtschiff bietet ein Bordfotograf seine Dienste an. Auf den großen Schiffen des Massenmarkts sind dies sogar eigene Departments mit einer Vielzahl von Fotografen und Verkäufern. Bereits beim Check-In machen Sie Bekanntschaft mit ihm. Er wird ihnen anbieten, eine Art Willkommensfoto machen zu dürfen. Von da an wird seine Kamera Ihr ständiger stiller Begleiter an Bord sein. Je nach Reederei mal dezenter, mal aggressiver. Bei Ihrem Ausflug, im Restaurant, im Theater, am Eingang zur Bar, immer wieder werden Sie gefragt werden, ob Sie nicht gerne fotografiert werden möchten. Die Schnappschüsse können Sie dann im Fotostudio an Bord begutachten und bei Gefallen bestellen. Je nach Reederei und Schiffskonzept finden Sie dort die Bilder als analoge Abzüge oder digital auf Bildschirmen vor. Bei der digitalen Variante können Sie teilweise sogar mit Ihrer Bordkarte und Gesichtserkennung nach Fotos mit ihnen suchen lassen - vielleicht wurden Sie irgendwann einmal geknipst und haben es nicht einmal gemerkt. Oft können Sie auch spezielle Shootings mit dem Fotografen buchen oder Ihr Foto auf Tassen, Kissen und Co. drucken lassen. Leider sind die Fotoabzüge an Bord in der Regel recht teuer.

Sehr oft findet man auf Schiffen auch eine Bordgalerie. Entweder in Eigenregie oder Zusammenarbeit mit einer renommierten Galerie an Land werden je nach Konzept einige oder sogar Hunderte Bilder an Bord angeboten. Man staunt manchmal nicht schlecht, wie viele Leute sich dafür interessieren und welche Preise teilweise für manche Bilder aufgerufen werden. Fünfstellige Beträge sind durchaus keine Seltenheit, doch auch schon für niedrige dreistellige Summen kommen Sie zum Zug. Versteigerungen werden ebenfalls gerne von den Gallerien veranstaltet.

Spielkasino an Bord

Auch das Kasino an Bord bleibt in den Häfen geschlossen. Erst in internationalen Gewässern darf wieder gespielt werden. Auf allen großen Schiffen des Massenmarktes finden Sie mehr oder weniger große Spielkasinos. Das fängt bei einer kleinen Raucherlounge mit einigen wenigen Automaten und einem Roulette- oder Black Jack Tisch auf einem deutschen Schiff an und geht bis hin zu wahren Kasino-Tempeln auf US-Schiffen. Sie merken schon, woher die Spieler kommen - genau, aus den USA. Auf dem dortigen Markt spielen die Kasinos an Bord der Schiffe eine viel größere Rolle als bei uns. Aber auch auf für den deutschen Markt konzipierten Schiffen lässt sich der ein oder andere Passagier zu einem Spiel im Kasino hinreißen. Gespielt wird mit echtem Geld (abgerechnet über die Bordkarte) zu den selben Regeln wie an Land.

Manche Kasinos bieten im Rahmen des Bordprogramms auch spezielle Aktionen an. Ohne Sie dazu animieren zu wollen, aber vielleicht versuchen auch Sie einmal Ihr Glück beim Roulette? Eine Reise soll ja auch neue Erfahrungen mit sich bringen.

Fernsehen auf dem Schiff

Für viele auch ein Thema: Deutschsprachiges Fernsehen auf dem Schiff! Lieblingsserie, Nachrichten, Fußball, Sport. Manch einer möchte darauf nicht verzichten. In der Zwischenzeit ist jede Kabine auf einem Kreuzfahrtschiff mit einem Fernseher ausgestattet. Wurde früher als Abendunterhaltung noch ein Videoband ins Bord-TV eingespeist, so ist auch hier die Entwicklung nicht stehen geblieben.

Das Senderangebot hängt allerdings stark von zwei Faktoren ab: Zum einen von der Reederei und welchen Markt diese hauptsächlich anspricht. Kommen die Gäste mehrheitlich zum Beispiel aus Italien, so werden Sie im Bordfernsehen überwiegend italienische TV-Sender finden und vielleicht nur ein oder zwei deutschsprachige Kanäle und dann vielleicht nicht einmal die bei uns populärsten. Umgekehrt verhält es sich natürlich bei einem Schiff, dessen Gäste mehrheitlich aus Deutschland kommen. Dann sind auch überwiegend deutschsprachige Sender im Programm.

Der zweite Faktor: Das Fahrtgebiet. Je weiter sich das Schiff aus der Abdeckung irgendwelcher Satelliten entfernt, welche die für deutsche Sender relevanten Fernsehkanäle verbreiten, desto weniger dieser Sender werden ins Bord-TV eingespeist. So kann es also durchaus sein, dass in Asien kein deutschsprachiger Sender verfügbar ist. Oft werden von Reedereien dann Videos beziehungsweise Filme auf Abruf, teils gegen Gebühr, im System bereitgestellt. Darüber hinaus gibt es immer schiffseigene Info-Kanäle über Aktivitäten oder Ähnliches an Bord. Manche Reedereien produzieren sogar eigene Fernsehshows oder das Programm auf der Theaterbühne wird live auf die Kabinen übertragen.

Noch ein Wort zu Sportereignissen. Oft werden wichtige Sportereignisse auch auf internationalen Kanälen übertragen. Diese werden dann entweder ins Bord-TV eingespeist oder sogar als „Public Viewing" auf einer Großleinwand irgendwo auf dem Schiff gezeigt. Aber bitte denken Sie daran: FC Santa Nirgendwo gegen 1899 JWD ist kein fußballerisches Großereignis. Wenn Sie also ohne Ihre Lieblingsserie oder Ihren Fußball nicht überleben können, dann wird es an Bord schwierig. Und nein: Man kann den Kapitän nicht bitten, mal eben die Kanäle im Bord-TV zu ändern!

Mehr und mehr werden die Fernseher auf modernen Schiffen zu interaktiven Media-Hubs auf Ihrer Kabine. Bereits Standard sind Kanäle mit Schiffsinfos, zum Beispiel zur Route und Navigation oder die Bilder von diversen Bordkameras. Informationen zu Ihrer Buchung, wie zum Beispiel eine Übersicht zu Ihrer bisherigen Ausgaben gehören bei vielen Schiffen mittlerweile ebenfalls zum Standard. Wie bereits erwähnt kommen nun auch Angebote wie „Movies on Demand", also Filme, die man sich meist gegen Gebühr über den TV ausleihen und ansehen kann.

Und zu guter Letzt gibt es auch noch für die Fußballfans eine gute Nachricht: Das Internet macht es möglich, bei wichtigen fußballerischen Ereignissen deutsche TV-Kanäle aus dem Internet ins bordeigene TV-System einzuspielen. Da diese Variante allerdings recht teuer ist und auch manchmal nicht die besten Bilder liefert, wird dies in der Regel nur bei wirklich relevanten Ereignissen umgesetzt.

Wäsche waschen

Im ersten Moment denkt man vielleicht gar nicht daran, es sei denn, man ist 100% Haufrau beziehungsweise Hausmann. Sollten Sie sich aber die Frage stellen, welche Möglichkeiten es gibt, an Bord eines Kreuzfahrtschiffs seine Wäsche wieder sauber zu bekommen, so beantworte ich die Frage an dieser Stelle sehr gerne. Wie üblich kann die Frage nicht so ohne Weiteres mit einem pauschalen Satz, der dann auch für alle Schiffe gilt, beantwortet werden. Grundsätzlich bieten alle Kreuzfahrtschiffe zumindest eine Reinigungsmöglichkeit an.

REINIGUNGSSERVICE

In der Regel handelt es sich herbei und den selben Service, den man auch in Hotels vorfindet: In Ihrer Kabine werden Sie, meist in einem der Schränke, einen Beutel und einen Reinigungsauftrag mit Preisen finden. Den Rest kennen Sie bestimmt. Sie füllen den Auftrag aus, geben ihn zusammen mit den zu reinigenden Kleidungsstücken in den Sack und platzieren diesen auf Ihrem Bett. Der Kabinensteward kümmert sich dann um den Rest und in der Regel erhalten Sie Ihre Wäsche meist am nächsten Tag gewaschen und gebügelt wieder zurück. Dieser Service ist auf nahe allen Schiffe gebührenpflichtig. Allerdings sind die aufgerufenen Preise im Vergleich zu den Preisen, die von Hotels an Land verlangt werden, meist wesentlich niedriger. So kostete mich das chemische Reinigen einer Anzugshose in einem Hotel an Land knapp 15 Euro, auf dem Schiff wurden mir dafür nur 4 Euro berechnet.

WASCHSALON

Die Bezeichnung auf den einzelnen Schiffen mag unterschiedlich sein, das Angebot ähnelt sich aber sehr. Auf einigen, wenngleich aber nicht auf allen Schiffen werden den Gästen über das Schiff verteilt kleine Waschsalons angeboten. Diese liegen meist etwas versteckt zwischen den Passagierkabinen. Dort kann man, sozusagen in Eigenregie, seine Wäsche waschen,. Meist werden dort Waschmaschinen, Wäschetrockner sowie Bügeleisen und Bügelbretter angeboten. Darüber hinaus findet man dort auch

Waschmittel. Auf älteren Schiffen müssen Sie das dann noch selbst gemäß der aushängenden Anleitung in die Maschinen füllen. Auf neueren Schiffen wird das Waschmittel automatisch von den Maschinen selbst hinzugefügt. Sehr oft ist die Nutzung dieser Waschsalons nahezu rund um die Uhr möglich und kostenlos. Die Maschinen verfügen über Express-Waschprogramme, entsprechend auch die Wäschetrockner. So dauert eine Wäsche beziehungsweise Trockengang selten länger als 30 Minuten.

Bitte beachten Sie auch eine gewisse „Waschsalon-Etikette": Zwar müssen Sie nicht neben Ihrer laufenden Waschmaschine stehen bleiben, dennoch sollten Sie zeitnah, nachdem das Gerät laut dessen Anzeige fertig sein sollte, wieder erscheinen, um es zu entleeren und es für den nächsten Gast frei zu machen. Selbes gilt natürlich auch für den Wäschetrockner.

Das Bordhospital

Sie können alles, was Sie bisher in diesem Buch gelesen haben in den Wind schlagen. Sie können genau das Gegenteil von dem machen, was ich ihnen geraten habe. Doch den nun folgenden Tipp müssen Sie unbedingt befolgen: Schließen Sie für die Dauer Ihrer Kreuzfahrt für alle Mitreisenden eine Reisekrankenversicherung ab! Auch wenn Sie es bisher für Ihre Urlaubsreisen noch nie getan haben oder gesund sind wie ein Baum, tun Sie es für Ihre Kreuzfahrt! Eine solche Versicherung kostet wenige Euro, ist auch online mit einigen Klicks abzuschließen oder kann sogar bei der Buchung Ihrer Kreuzfahrt hinzu gebucht werden Unter Umständen bewahrt Sie diese Versicherung vor einem finanziellen Desaster.

Denn im Gegensatz zu dem in den Folgen von „Das Traumschiff" vermitteltem Bild oder dem Irrglauben, dass auf dem Schiff auch Ihre reguläre Krankenversicherung gilt, werden auch schon einfachste Arztkonsultationen an Bord sehr teuer. Recht simple Behandlungen, zum Beispiel eine Untersuchung und die Gabe eines Medikaments können unter Umständen bereits einen dreistelligen Eurobetrag kosten. Wird es nur geringfügig komplexer sind schon vierstellige Beträge möglich. Und bei wirklichen Notfällen, bei denen vielleicht sogar eine Ausschiffung auf See durch einen Helikopter notwendig ist, fallen entsprechend noch höhere Summen im fünfstelligen Bereich an. Hintergrund hierfür sind natürlich die enormen Kosten für solche Maßnahmen. Außerdem rechnet das Schiff nicht nach der (günstigen) deutschen Gebührenordnung ab. Meist werden die Bordhospitäler auch von privaten gewinnorientierten Firmen betrieben, die den Unterhalt der Einrichtung, die Ausstattung und das Fachpersonal vorhalten müssen.

So. Nun aber genug Angst gemacht! Schließlich hoffen wir alle, dass Sie niemals an Bord ärztliche Hilfe benötigen werden. Es ist aber beruhigend zu wissen, dass ein oder sogar mehrere Ärzte und ein Team von Krankenschwestern und -pflegern an Bord sind, um ihnen im Bedarfsfall rund um die Uhr helfen zu können. Für einige Kreuzfahrer ist diese Gewissheit durchaus ein Argument, sich auf ein Schiff und nicht in irgendein Hotel zu begeben.

Allerdings möchte ich ihnen auch nicht verschweigen, dass es erstaunlicher Weise sogar auf deutschen Schiffen leider relativ oft vorkommt, dass der Schiffsarzt Deutsch nicht als seine Muttersprache spricht. Es kann sogar sein, dass der Schiffsarzt dem Deutschen gar nicht mächtig ist. Hier wird die Krankenschwester an Bord zur Übersetzerin.

Dann noch einmal zum Mitschreiben:

• Unbedingt vor dem Reiseantritt für alle Mitreisenden eine Reisekrankenversicherung abschließen. Notfalls beraten lassen!

• Ihre reguläre Krankenversicherung bezahlt keinen Cent der Behandlung auf dem Schiff! Auch nicht auf einem deutschen Schiff!

• Sorgen Sie mit einer gut durchdachten Reiseapotheke dafür, dass Sie bei kleineren Wehwehchen, die Sie selbst behandeln können, nicht zum Schiffsarzt gehen müssen.

Und die Kinder?

Auf die Frage, ob eine Kreuzfahrt für Kinder geeignet ist oder nicht, bin ich bis dato noch gar nicht eingegangen. Kurz: Ja, ist sie! Allerdings bedarf es auch hier einer gewissen Vorbereitung, die speziell auf die Bedürfnisse der Kinder zugeschnitten ist. Zunächst einmal: Das Alter der Kinder ist hierbei eigentlich nicht wichtig. Vielmehr sollten Sie sich als Eltern Gedanken darüber machen, welches Schiff den Kindern am meisten bieten kann. Auf welches Schiff dann letztendlich Ihre Wahl fällt, hängt zum Einen vom Alter der Kinder ab und zum Anderen von deren Vorlieben und Neigungen.

Ein mehr oder weniger umfangreiches Kinderbetreuungsprogramm bietet eigentlich jedes Schiff an. Dennoch gibt es hier sehr große Unterschiede. Man stellt sehr schnell fest, ob die Reederei das Schiff auch für Familien konzipiert hat oder ob man eher ein Programm für Kinder anbietet, die sozusagen „aus versehen" an Bord gelandet sind.

EINRICHTUNGEN AUF DEM SCHIFF

Je nach Konzept bietet ein Schiff auf verschiedene Altersklassen abgestimmte Bordeinrichtungen. Das fängt bei einer Art Krabbelstube für Säuglinge und Kleinkinder an. Für Kinder im Kindergarten- und Grundschulalter gibt es ebenfalls einen speziellen Bereich an Bord. Und schließlich für die Teenager.

Wie bereits erwähnt können diese Einrichtungen je nach Schiffskonzept mehr oder weniger großzügig ausfallen. Die möglichen Angeboten reichen von einzelnen befriedigend ausgestatteten Räumen bis hin zu Einrichtungen, die sich über mehrere Betreuungsräume erstrecken und mit allem, was das Herz eines Kindes und Jugendlichen begehrt, ausgestattet ist. Ein umfangreiches Spieleangebot, Bastelzubehör, eigene Außenanlagen mit Pool und Rutsche, Indoorspielplatz, eine kleine Bühne, Licht- und Soundanlage und Spielekonsolen sind keine Seltenheit.

BETREUUNG AUF DEM SCHIFF

Die Betreuung der Kinder erfolgt, ebenfalls je nach Schiff und Konzept, durch mehr oder weniger qualifizierte Crewmitglieder. Auf den großen Schiffen und den Vertretern des Luxussegments ist zumindest die Leitung der Kinderbetreuung, meist aber auch einige der anderen Betreuer vom Fach. Bei Schiffen, die nicht so sehr den Fokus auf Familien mit Kinder legen, kann die Betreuung auch durch Mitglieder des Animationsteams oder der Gästebetreuung erfolgen. Dies ist ganz einfach der Tatsache geschuldet, dass auf großen Schiffen in den Hochzeiten mehrere Hundert Kinder und Jungendliche an Bord sein können, es lohnt sich also speziell hierfür Personal anzuheuern. Auf den anderen Schiffen wird nur bei Bedarf ein Kinderprogramm durchgeführt, anderenfalls leisten die Crewmitglieder an anderer Stelle ihren Dienst.

Die Kinderbetreuung der Kindergartenkinder erfolgt in der Regel nach einer Art Stundenplan. Es gibt also nicht zwingend eine Rundumbetreuung von Morgens bis Abends. Die Eltern beziehungsweise die Kinder können die Betreuungsangebote annehmen, müssen dies aber nicht, das heißt auch, dass die Angebote selektiv wahrgenommen werden können. Angeboten wird eine Vielzahl von Aktivitäten. Neben den üblichen Dingen wie Malen und Basteln wird auch versucht, dem Angebot etwas „maritimes Flair" zu geben: Es werden Schatzsuchen veranstaltet, vielleicht studieren die Kinder für die Eltern ein Seemanns-Theaterstück ein, dass dann ganz groß im Theater aufgeführt wird oder man findet die Kinder als Seeräuber geschminkt oder Kapitän verkleidet vor.

Die Betreuung der Teenager erfolgt dem Alter angepasst separat. Hier liegt der Fokus eher darauf, aus den reisenden Teenagern eine Art Gruppe zu bilden, die sich selbst beschäftigt. Sei es bei Spielen, einer selbst organisierten Disko im Teens-Club oder einem Spielenachmittag vor der Spielekonsole.

Für Säuglinge stehen entsprechend ausgestattete Räumlichkeiten bereit, deren Betreuung muss aber auf den meisten Schiffen durch die Eltern erfolgen. Informieren Sie sich bei Bedarf vor der Reise, ob auf Ihrem Wunschschiff auch Säuglinge betreut werden oder sogar Babysitting angeboten wird.

Generell ist das Ziel der Kinderbetreuung an Bord eher die Beschäftigung der Kinder, so dass deren Eltern bei Bedarf eine ruhige Zeit an Bord genießen können. Der Fokus liegt also nicht auf einer pädagogisch fundierten Beschäftigung. Wie gesagt sind nicht alle Crewmitglieder, die für die Kinderbetreuung eingesetzt werden, ausgebildete Fachkräfte. Trotzdem werden Ihre Kinder aber liebe- und verantwortungsvoll betreut werden. Sollten Sie dennoch Sorgen haben, ob Ihr Kind gut betreut wird, so würde ich ihnen raten während Ihrer Reisevorbereitungen mit anderen Eltern in den diversen Foren und Gruppen, die es bestimmt für Ihr Kreuzfahrtschiff gibt, in Kontakt zu treten, um nach deren Erfahrung zu fragen.

Die Buchung

Es ist soweit! Sie haben sich in diesem Buch bis hierher durchgearbeitet. Entsprechend sollten Sie sich bereits mit den für Sie in Frage kommenden Fahrtgebieten und Routen vertraut gemacht haben. Ein oder mehrere Schiffe sollten auf Ihrer Favoritenliste stehen. Eventuell haben Sie auch noch eine Liste mit bis dato noch nicht beantworteten Fragen vor sich und vielleicht gab es schon erste Kontakte zu Reisebüros oder in Foren und Gruppen und die Webseiten der Reedereien sind ihnen vertraut . Der Urlaub ist eingereicht, es kann also gebucht werden!

Beste Zeit und bester Preis

Doch wann ist der optimale Zeitpunkt für Ihre Buchung? Sicherlich sind ihnen beim Studium der Kreuzfahrtangebote und Webseiten der Reisebüros und Reedereien Formulierungen wie „Frühbucherrabatt", oder „bei Buchung bis zum, dies und das inklusive", „Last Minute", „Wochenangebot" oder„Sonderpreis nur bei uns", aufgefallen.

Man könnte meinen, dass es den besten Zeitpunkt für eine Buchung gar nicht gibt. Und so ist es wohl auch. Das Tarif-Wirrwarr und die Kreativität der Anbieter bei der Preisgestaltung für eine Kreuzfahrt hinkt denen in den anderen Tourismussparten in keinster Weise hinterher.

Allerdings muss ich sagen, dass es Reedereien gibt, die es schon etwas übertreiben. Das fängt bei komplizierten Tarifen an und hört bei sich über die Zeit recht stark ändernden Preisen für ein und die selbe Reise auf. Da gibt es den „Pure-Tarif", Sie können „Vario" buchen oder Sie machen lieber auf „Flex", um dann festzustellen, dass die vermeintlich günstig gebuchte Reise wenige Woche vor Reisebeginn noch mal als „Schnäppchen der Woche" vermarktet wird. 25% günstiger, als damals zu dem Zeitpunkt, als Sie buchten - hat sich wohl doch nicht so gut verkauft, diese Reise! Ein Symptom dieser Problematik sind eigene Facebook Gruppen, die sich nur mit den Tarifmodellen einzelner Reedereien beschäftigen. Dort kann man dann nicht nur als Kreuzfahrt-Neuling seine „dummen" Fragen posten und andere Kreuzfahrer, die es auf sich genommen haben, das Kleingedruckte und d ei AGB inklusive der ganzen Aus- und Einschlüsse von Leistungen zu studieren, antworten. Das fängt bei Kleinigkeiten an, zum Beispiel, ob die Flasche Wasser auf der Kabine im Tarif enthalten ist oder extra kostet und reicht bis zu den Stornierungsbedingungen der einzelnen Tarife, die selbstverständlich nicht bei allen gleich sind. Das wäre ja sonst zu einfach!

In der Regel werden reguläre Reisen überall zum gleichen Preis angeboten. Es ist also egal, ob Sie direkt auf der Webseite der Reederei oder bei einem Reisebüro buchen. Es gibt allerdings durchaus nicht nur „Schnäppchen", die von den Reedereien selbst veröffentlicht werden und dann, wie gesagt, überall ebenfalls zu diesem Sonderpreis zu buchen sind. Manche Reisebüros bieten ab und zu ebenfalls Sonderangebote an, die dann eben nur bei ihnen gelten. Dabei handelt es sich zum Beispiel um Sonderkontingente oder Reisen mit Dreingaben wie einem Getränkepaket, oder es sind Gruppenreisen mit Sonderkonditionen. Hier müssen Sie sich durch den Angebots-Dschungel kämpfen. Erwähnen möchte ich noch, dass es durchaus Nischen-Vergünstigungen gibt, die nur bei der Buchung über bestimmte Anbieter zu haben sind. So kann man bei einem Online-Reisebüro für alle Buchungen Miles & More Meilen sammeln.

Meine Tipps:

1. Schauen Sie genau hin! Was beinhaltet das Angebot, das vor ihnen auf dem Tisch liegt? Welche Leistungen sind bei diesem Angebot auf dem Schiff inklusive? Welche Route wird gefahren? Ist die An- und Abreise inklusive? Welche Kabine ist im Preis enthalten? Welche Extrakosten kommen noch auf Sie zu?

2. Verschaffen Sie sich zunächst einen Eindruck über die Preise der für Sie in Frage kommenden Reisen. Schreiben Sie einfach einmal alle Preise, Daten und Fakten zu diesen Reisen auf und vergleichen Sie. So bekommen Sie ein Gefühl für die Angebote und auch für die Preise.

3. Wenn Sie dann einen guten Überblick haben, suchen Sie nur noch für die eine Reise, die für Sie in Frage kommt. Sonst kommen Sie vom Hundertsten ins Tausendste und nie zu einer Buchung.

4. Rechnen Sie den Gesamtpreis auf die einzelne Nacht herunter (Gesamtpreis geteilt durch die Anzahl der Nächte). So können Sie Reisen mit unterschiedlicher Reisedauer besser vergleichen.

Und mein finaler Tipp: Sobald Sie gebucht haben, schauen Sie nie mehr Angebote zu Ihrer Reise an. Wie gesagt, es könnte weh tun. Die beste Einstellung ist wohl die, sich zu sagen, dass der Preis, den Sie bezahlt haben für Sie absolut in Ordnung war. Punkt!

Es gibt meines Erachtens eine einzige Ausnahme, die es erforderlich machen könnte, recht schnell zu buchen und somit auch wenig Rücksicht auf den Preis zu nehmen. Hierzu mehr im Kapitel „Welche Kabine soll ich buchen?", dort „Ein Schiff verkauft sich immer von oben nach unten!".

Wo buche ich?

Wie bereits mehrfach erwähnt, geht es bei der Wahl des Anbieters, über den letztendlich die Buchung erfolgt, nicht unbedingt in erster Linie um den Reisepreis. Dieser ist bei regulären Reisen überall gleich. Ausnahmen bilden wie gesagt Sonderangebote, die durch zum Beispiel ein Reisebüro aufgelegt werden oder Sonderreisen wie zum Beispiel Gruppenreisen. Sonderangebote der Reedereien sind eigentlich immer auch bei den Reisebüros zu buchen. Darüber hinaus gibt es unter Umständen noch das ein oder andere „Bonbon", dass es nur exklusiv bei einem ganz bestimmten Anbieter gibt (Stichwort: Meilen oder Ähnliches).

Ein gutes Gefühl und Vertrauen sind viel mehr Gründe dafür, weshalb es für den ein oder anderen Gast Sinn machen könnte, sich nähere Gedanken über den Anbieter zu machen, über den die Buchung erfolgt.

Für Sie als Kreuzfahrt-Neuling könnte es zum Beispiel durchaus Sinn machen, sich ein auf Kreuzfahrten spezialisiertes Reisebüro vor Ort zu suchen. Dann hätten Sie in Ihrer unmittelbaren Nähe immer einen persönlichen Ansprechpartner zu dem sich vielleicht auch eine Art Vertrauensverhältnis etabliert. Sie müssten nicht als einer von vielen mit einem Hotlinemitarbeiter der Reederei kommunizieren. Wenn Sie eher online-affin sind, so könnten Sie sich auch ein Reisebüro im Internet suchen. Weiter oben erwähnte ich bereits meine Favoriten, mit denen ich persönlich schon gute Erfahrungen gemacht habe. Wenn Sie aber nach dem Motto leben „Warum zu Schmidtchen gehen, wenn ich gleich zu Schmidt gehen kann", dann spricht absolut nichts dagegen, direkt bei der Reederei zu buchen.

Sämtliche Kondition der Reise sind immer gleich, egal wie und wo Sie gebucht haben. Die Zahlung erfolgt auch direkt an die Reederei. Sie müssen also keine Angst haben, dass Ihr Reisebüro mit Ihrer Anzahlung durchbrennt.

AUSNAHME: REISEPAKETE

Manche Reisebüros stellen eigene Pakete zusammen und bieten diese dann Ihren Kunden an. Diese Reisepakete bestehen dann zum Beispiel aus einer Kreuzfahrt, einem vom Reisebüro arrangierten An- und Abreisepaket, welches nichts mit dem von der Reederei zu tun hat und vielleicht noch aus einem Vor- oder Nachaufenthalt an die Kreuzfahrt. Es spricht nichts dagegen, solche Pakete zu buchen. Allerdings sollten Sie sich vor Augen halten, dass Sie dadurch praktisch keine Vergleichsmöglichkeit mehr haben und daher nicht wissen, ob das entsprechende Paket ein gutes Angebot ist oder eben nicht. Bei dieser Variante sollten Sie dann auch darauf achten, wer letztendlich Ihr Vertragspartner ist.

Ansonsten müssen Sie allerdings wissen, dass der Partner, bei dem Sie gebucht haben, für diese Reise Ihr Ansprechpartner, nicht aber Vertragspartner, bleiben wird. Sollten also Fragen oder Probleme auftauchen, dann bleibt zum Beispiel Ihr Reisebüro der Ansprechpartner.

STORNIERUNG UND UMBUCHUNG

Natürlich denkt man bei der Buchung einer Reise nicht auch gleich an deren Stornierung oder Umbuchung. Ich würde ihnen aber den Rat geben, dies trotzdem zu tun. Die Reedereien sind nämlich nicht nur bei der Ausgestaltung ihrer Tarifoptionen sehr kreativ. Sie machen auch bei ihren Stornierungs- und Umbuchungsmöglichkeiten weiter. Als Faustregel könnte gelten: Je günstiger der von ihnen gewählte Tarif, desto schlechter die Stornierungs- und Umbuchungsoptionen. Informieren Sie sich also bitte auch diesbezüglich. Denn keiner weiß, was in einigen Wochen oder sogar Monaten ist. Auch wenn Sie Ihre Reise mit einer Reiserücktrittskostenversicherung absichern, kann es durchaus sein, dass dort eine Selbstbeteiligung fällig wird, die Sie sich bei entsprechend besseren Stornierungsbedingungen sparen könnten.

Mit oder ohne An- und Abreisepaket?

Eigentlich bieten alle Reedereien an, dass Sie Ihre Kreuzfahrt entweder mit oder ohne An- und Abreisepaket buchen können. Bei den großen Reedereien im Massenmarkt beginnt dieser Service meist bei Reisen, deren Aufstiegs- und Abstiegshafen entfernungsbedingt nur mit dem Flugzeug erreichbar ist. Kleinere Reedereien oder Anbieter aus dem Luxussegment bieten auch An- und Abreisepakete für näher gelegene Häfen an. Die An- und Abreise erfolgt dann meist per Bahn oder mit dem Bus.

Natürlich ist es bequem, die An- und Abreise durch die Reederei organisieren zu lassen. Gerade Flugbuchungen in ferne Länder können einen vor die ein oder andere Herausforderung stellen. Daher spricht absolut nichts dagegen, Ihre Reise inklusive der An- und Abreise zu buchen.

Das sollten Sie wissen und beachten:

• Es kann nicht schaden, wenn Sie vor Ihrer Buchung ein wenig die Flugpreise zu Ihrem Zielort recherchieren. Die Preise der Reedereien sind oft in Ordnung, manchmal aber würden Sie mit einer eigenen Buchung doch einiges an Geld sparen.

• Unter Umständen sind die Flugzeiten der von den Reedereien angebotenen Flüge nicht optimal. Sie gehen unter Umständen recht früh oder sehr spät. Meist erfahren Sie die Zeiten aber erst nach der Buchung.

• Sie haben keinen Einfluss darauf, mit welcher Airline Sie fliegen werden. Auch Freigepäckgrenzen und Aufpreise für Zusatzleistungen, z.B. für Sitzplatzreservierungen können sehr stark variieren oder sogar gar nicht möglich sein. So wird zum Beispiel eine Buchung oder ein Upgrade in die Business Class so gut wie niemals ermöglicht. Da die Reederei selbst bei der gleichen Reise mit verschiedenen Fluggesellschaften kooperiert, kann es hier große Unterschieden geben. Es handelt sich eigentlich immer um Gruppenbuchungen durch die Reederei oder um speziell gebuchte Charterflüge, deshalb haben Sie oder Ihr Reisebüro so gut wie keinen Einfluss, auch nicht auf Transferzeiten bei Umsteigeflügen. Auch wenn Sie Mitglied im Vielfliegerprogramm der jeweiligen Fluggesellschaft sind, werden Ihnen für den Hin- und Rückflug keine Meilen gutgeschrieben werden.

• In den Paketen sind auch die Transfers vom zum Beispiel Flughafen hin zum Schiff und retour inklusive.

Bitte berücksichtigen Sie auch, dass es folgenden gravierenden Unterschied gibt, ob Sie sich für eine Eigenanreise oder das An- und Abreisepaket der Reederei entscheiden: Sollte bei Ihrer Eigenanreise etwas unvorhergesehenes passieren, zum Beispiel eine Flugverspätung, und Sie deshalb das Schiff verpassen, dann ist das Ihr ganz persönliches Pech. Sie haben keine Ansprüche gegenüber der Reederei und bleiben auf Ihrem Geld für die Kreuzfahrt sitzen.

Dem hingegen ist es bei einem über die Reederei gebuchten An- und Abreisepaket so, das sich die Reederei um Probleme, die während der Anreise aufkommen, kümmert. Es wird zum Beispiel dafür gesorgt, dass das Schiff auf Sie wartet oder es werden andere Alternativen ausgearbeitet. Das gilt natürlich nicht bei von ihnen verschuldeten Problemen! Sollten Sie verschlafen und deshalb den Flug verpassen, so ist das auch hier Ihr Pech. Sollte allerdings der Pilot Ihres Urlaubsfliegers verschlafen, so unterstützt Sie die Reederei.

Welche Kabine soll ich buchen?

Sicherlich eine der brennendsten Fragen eines Kreuzfahrt-Neulings: Welche Kabine soll ich buchen? Bei der Buchung einer Kreuzfahrt können Sie als Passagier nicht nur festlegen, welche Kabinenkategorie Sie wünschen, sondern auch, welche Kabine genau für Sie reserviert werden soll. Anders, als bei einem Hotel, dort wählt in der Regel das Hotel das entsprechende Zimmer für Sie aus. Doch zunächst einmal ein kleiner Überblick, welche Kabinenarten es auf den meisten Schiffen gibt. Grundsätzlich kann man fünf verschiedene Kabinentypen unterscheiden:

INNENKABINE

Im Schiffsinneren gelegen bietet dieser Kabinentyp keine Fenster. Darüber hinaus sind diese Kabinen oft kleiner als alle anderen Kabinentypen, wenngleich auch hier einige Reedereien damit begonnen haben, diesen Kabinentyp attraktiver zu gestalten. Eine Innenkabine muss nicht zwingend auf den unteren Decks liegen. Es gibt durchaus auch auf den oberen Decks, auf denen man nur die hochwertigen Kabinen vermuten würde, Innenkabinen. Erste Zweifel, ob man in einer Innenkabine überleben kann, möchte ich hier gleich zerstreuen. Sie bieten zwar kein Tageslicht, die Lüftungsanlage eines Kreuzfahrtschiffs ist aber durchaus in der Lage, ständig für frischen Sauerstoff in Ihrer Kabine zu sorgen.

Die Innenkabinen sind immer die preiswerteste Kabinenkategorie an Bord. Sie sind die ideale Kabine für preisbewusste Reisende und Gäste, die ohnehin die überwiegende Zeit in den öffentlichen Bereichen an Bord unterwegs sind.

AUßENKABINE

Wer nicht auf Tageslicht verzichten kann, für den ist eine Außenkabine genau das richtige. Dieser Kabinentyp liegt meist auf den niedrigeren Decks eines Schiffes und verfügt entweder über ein oder mehrere Bullaugen oder Fenster. Die Außenkabine bietet gegenüber der Innenkabine bereits einen großen Mehrwert. Doch Achtung: Es kann, je nach Schiffstyp und Lage der Kabine durchaus sein, dass an das Fenster unter Umständen auch mal die Gischt der Wellen peitscht oder Sie in einem Hafen nur die Kaimauer, statt einen Panoramablick zu sehen bekommen.

BALKONKABINE

Der wohl beliebteste Kabinentyp und deshalb auch quantitativ auf modernen großen Schiffen am meisten vertreten. Wie der Name schon sagt, verfügt dieser Kabinentyp über einen eigenen, meist kleinen Balkon. In der Regel mit zwei Stühlen und einem kleinen Tisch. Manche Reedereien waren kreativ und statten ihre Balkonkabinen mit Hängematten aus und gelegentlich findet man auch dort vollwertige Liegen.

Doch hier endet der Einfallsreichtum der Reedereien nicht! Es gibt mittlerweile zum Beispiel Verandakabinen, deren Balkon sich in den Wohnbereich integrieren lässt. Je nach Schiffskonstruktion kann es allerdings sein, dass Sie die Aussicht von Ihrem Balkon mit einem im Vergleich zur Außenkabine kleineren Wohnbereich erkaufen müssen. Denn oft gehört der Balkon zur „Wohnfläche". Das heißt: Die Grundfläche des Balkons wird sozusagen von der Kabinegrundfläche abgezwackt.

SUITE

Der luxuriöseste Kabinentyp. Meist auf den oberen Decks und den besten Plätzen des Schiffs. Die Kabinen dieses Typs sind größer als die restlichen Kabinen eines Schiffs und auch am besten ausgestattet. Darüber hinaus werden den Gästen dieses Kabinentyps zunehmend besondere Services angeboten, die bereits im Reisepreis enthalten sind: Bevorzugte Ein- und Ausschiffung, Internet, exklusiver und von den restlichen Gästen abgeschirmter Suitenbereich mit Lounge, Restaurant, Sonnendeck und Concierge.

Der verbreitetste Suiten-Typ auf einem Schiff ist die Junior Suite. Diese verfügt in der Regel über einen separaten größeren Sitzbereich mit Sofa, Tisch und evtl. Stuhl. Echte Suiten, bestehend aus separatem Schlaf- und Wohnzimmer, gibt es in kleiner Stückzahl ebenfalls.

SONDER- UND THEMENKABINEN

Streng genommen kann man Kabinen dieses Typs in einen der vier vorherigen Kategorien einteilen. Ich möchte diese Kabinen dennoch an dieser Stelle hervorheben, da sie in meinen Augen auf manchen Schiffen doch außergewöhnlich sind. Das bedeutet auch, dass Sie solche Kabinen nicht auf jedem Schiff finden. Recht oft werden Sie Themenkabinen finden. Das sind unter Umständen ganz normale Kabinen, die aber zum Beispiel direkt in der Nähe des Spa- und Wellnessbereiches liegen und vielleicht sogar einen eigenen Zugang dazu haben. Die Reedereien vermarkten diese Kabinen dann gerne als „Spa-Kabinen", oft mit Inklusivpaketen, in denen der Zugang zum Spabereich oder Anwendungen inkludiert sind. Auf manchen Schiffen finden Sie Sonderkabinen wie eine Eigner-Suite oder Familienkabinen, die für die Bedürfnisse spezieller Zielgruppen entworfen wurden. Die Liste ließe sich noch fortsetzen.

Sie haben nun die fünf grundlegenden Kabinentypen eines modernen Schiffs im Massenmarkt kennengelernt. Innen-, Außen- und Balkonkabine sowie die Suite und die Sonder- und Themenkabinen.

Innerhalb dieser Kabinentypen gibt es allerdings meist noch weitere Unterteilungen. Es gibt verschiedene Größen und Grundrisse je Kabinentyp und auch die Lage auf dem Schiff spielt eine Rolle. Sollte sich diese Lage auf das „Kabinenerlebnis" auswirken, so spiegelt sich das auch im Preis wieder. Balkonkabinen, deren Aussicht eingeschränkt ist, sind günstiger zu haben als die ohne Sichteinschränkungen. All das führt dazu, dass dem Interessenten auf einem großen modernen Schiff des Massenmarktes teils mehrere Dutzend verschiedene Kabinenkategorien angeboten werden können. Nicht alle, aber die meisten Kabinenkategorien auf einem Schiff sind auch als barrierefreie Variante buchbar.

Ansonsten ist die Grundausstattung aller Kabinen identisch. Jede Kabine, egal welchen Typs, verfügt über ein Badezimmer mit Waschbecken, Toilette und Dusche, inklusive Seife, Duschgel und Shampoo. Je nach Kabinentyp kann das Bad allerdings verschieden groß sein und das Bad kann zum Beispiel bei einer Suite darüber hinaus auch noch über eine Badewanne oder zweites Waschbecken verfügen. Sie können zwischen einem Doppelbett oder zwei Einzelbetten wählen. Jede Kabine verfügt über einen Schrank und Ablagen, meist auch noch über einen Stuhl, evtl. mit Arbeitsbereich, manchmal sogar über ein Sofa. Sie werden oft auch einen Minikühlschrank, einen Fernseher, Safe und Haartrockner vorfinden, auf manchen Schiffen sogar einen Wasserkocher mit Tassen und eine kleinen Auswahl an Kaffee und Tee gibt es ebenfalls oft. Auf ein Bügeleisen und Bügelbrett müssen Sie allerdings verzichten. Weswegen? Die Antwort finden Sie im Kapitel „Tun Sie diese Dinge auf gar keinen Fall an Bord!". Je nach Kabinentyp geht die Ausstattung der jeweiligen Kabine oft noch weit über die genannte Grundausstattung hinaus: Spielekonsolen, separate Toilette, Kaffeemaschine, kostenloses Wasser, Pflegeprodukte, Bademantel, Hausschuhe, und so weiter gehören oft zur Ausstattung.

EIN SCHIFF VERKAUFT SICH IMMER VON OBEN NACH UNTEN

Eine ganz wichtige Regel, was die Kabinen auf einem Schiff und deren Buchung angeht: Ein Schiff verkauft sich immer von oben nach unten! Das bedeutet, dass die Suiten immer zuerst ausgebucht sind. Und dann die Sahneschnitten unter den restlichen Kabinen.

Sie können sich gar nicht vorstellen, welchen Aufwand manche Kreuzfahrer bei der Auswahl ihrer Kabine betreiben. Ich kenne Gäste, die sich die Mühe machen, im Vorfeld einer Reise die jeweiligen Liegeplätze des Schiffs heraus zu finden, um dann anhand dieser Info die richtige Kabine zu buchen. Schließlich würde man bei der entsprechenden Reise mit einer Kabine an Steuerbord in 8 von 10 Häfen die Landseite mit dem besseren Blick sehen können.

Doch keine Angst. Sie erfahren von mir gleich, auf was Sie als Kreuzfahrt-Neuling wirklich achten müssen! An dieser Stelle war es für mich nur wichtig, die „von oben nach unten"-Regel mit ihnen zu teilen. Sollten Sie nämlich vor haben, eine Suite oder eine ganz besondere Kabine zu buchen, so ist dies eigentlich der einzige Grund, weshalb Sie bei der Buchung schnell sein und keine allzu große Rücksicht auf den Preisverlauf Ihrer Reise nehmen sollten.

GLÜCKSKABINEN UND UPGRADE

An dieser Stelle möchte ich ihnen das Konzept der Glückskabinen vorstellen. Wenn Sie so wollen, dann ist dies auch eine Art „Kabinenkategorie". Die meisten Reedereien, gerade im Massenmarkt haben diese im Angebot. Hierbei wählen Sie lediglich Ihre Kreuzfahrt zum entsprechenden Termin sowie die Kabinenkategorie. Die Reederei teilt ihnen dann einige Wochen vor Reisebeginn eine der dann noch freien Kabinen zu. Diese müssen Sie dann auch so akzeptieren. Sozusagen als Gegenleistung sind diese Glückskabinen günstiger als die regulär buchbaren Kabinen der jeweiligen Kategorie, bei denen Sie im Buchungsprozess eine ganz spezifische Kabinennummer auswählen können.

Manche Reedereien bieten darüber hinaus die Möglichkeit einige Wochen vor Reisebeginn ein Upgrade für die eigene Kabine kaufen zu können. Beispiel: Sie haben eine Außenkabine gebucht, ihnen wird nun angeboten, diese gegen eine bestimmte Aufzahlung zu einer Balkonkabine upzugraden. Ob Sie solch ein Angebot erhalten, hängt von verschiedenen Faktoren ab: Zunächst einmal muss die Reederei des Schiffes, welches Sie für Ihre Reise ausgesucht haben, Upgrades überhaupt anbieten. Schließlich müssen noch entsprechende Kabinen frei sein. Ob sich das Ganze für Sie rechnet, müssen Sie ganz individuell entscheiden. Ich würde ihnen empfehlen, das eher als Bonbon zu sehen, statt damit fest zu rechnen.

Es kann durchaus auch vorkommen, dass Sie an Bord von Ihrer Schiffsbesatzung mit einem Upgrade überrascht werden. Mir ist das allerdings erst einmal passiert. Damals gab es ein doppeltes Upgrade. Von einer Innen- auf eine Balkonkabine mit Sichteinschränkung. Aber auch hier: Rechnen Sie nicht mit einem Upgrade. Diese sind, gerade im Massenmarkt praktisch so gut wie ausgeschlossen.

Tipp für Kurzentschlossene: Bei manchen Reedereien können Sie, je nach Verfügbarkeit, sogar noch an Bord ein Upgrade durchführen! Fragen Sie diesbezüglich einfach am Anreisetag an der Rezeption nach.

ABER WAS IST JETZT MIT DER AUSSICHT!?

Tja, die Aussicht ist nicht überall gleich. Wie zuvor bereits erwähnt, gibt es ganz clevere Kreuzfahrer, die bei der Auswahl der richtigen Kabine mit Aussicht damit anfangen, ob die Kabine eher Steuerbord oder Backbord liegen soll. Die halte ich für einigermaßen übertrieben. Es sei denn, Sie wollen aus einem ganz wichtigen Grund in einem ganz bestimmten Hafen unbedingt die Altstadt sehen können. Weil zum Beispiel dort Ihr Partner um Ihre Hand angehalten hat. Dann wäre das noch nachvollziehbar. Eine Garantie, dass das Schiff dann auch wirklich so liegt, gibt es allerdings nicht.

Hier aber ein paar Hinweise, was ihnen die Aussicht von Ihrer BALKON-Kabine vermiesen könnte und, auf was Sie bezüglich der Aussicht achten sollten:

• Vermeiden Sie es, dass die Kabine zu nahe an Überhängen und den Rettungsbooten liegt. Bei modernen Schiffen ist oft das Pooldeck auf zum Beispiel Deck 11 breiter als das darunter liegende Deck 10. Somit haben alle Balkone auf Deck 10 ein überhängendes „Stahldach" über sich. BILD 1

• Die Aufbauten eines modernen Kreuzfahrtschiffs sind nicht überall gleich breit. Sie sollten bei Ihrer Kabinenwahl darauf achten, dass Ihre Kabine nicht in einem schmaleren Teil, der unmittelbar an einen breiteren

Teil grenzt, liegt. Die Sicht neben solchen „Wülsten" ist in dessen Blickrichtung praktisch verbaut. BILD 2

• Überlegen Sie es sich, ob eine Kabine ganz Vorne etwas für Sie ist. Wie Sie an dem entsprechenden Bild recht gut erkennen, so können ihnen unter Umständen die Gäste aus den Kabinen über ihnen oder sogar der Kapitän von der Brücke auf den Balkon blicken. Außerdem sind die Außenbereiche dieser Kabinen am stärksten den Elementen ausgesetzt. Aber keine Angst, die Gischt der Wellen werden Sie dort oben nicht abbekommen. Es trennen Sie doch einige Meter vom Meer. Und ob Sie mehr „Fahrtwind" spüren werden, hängt auch etwas von der Schiffskonstruktion ab. Wobei ich mich immer gegen diesen Fahrtwind-Begriff wehre. Schließlich ist ein Schiff generell von allen vier Himmelsrichtungen aus den Elementen, eben auch dem Wind, ausgesetzt. BILD 3

• Eine Alternative wären Kabinen am Heck des Schiffes. Allerdings mit größtenteils den gleichen Problemen, wie bei denen am Bug. Bitte beachten Sie, dass Sie in den Kabinen am Heck unter Umständen die Arbeit der Maschinen mehr mitbekommen als sonst wo auf dem Schiff. Schließlich arbeitet dort die Antriebseinheit des Schiffs direkt unter ihnen. BILD 4

In gewisser Weise unterstützt Sie die Reederei etwas bei der Kabinenauswahl. Kabinen mit Sichteinschränkung sind als solche gekennzeichnet und günstiger. Leider geben die Reedereien meist nicht an, weshalb die Sicht bei der jeweiligen Kabine eingeschränkt ist. Hier helfen ihnen dann nur das Studium der Deckpläne und Schiffsfotos, die Sie auf der Webseite der jeweiligen Reederei für jedes Schiff finden. Oder aber auch die Kontaktaufnahme zu anderen Kreuzfahrern in den entsprechenden Foren und Gruppen. Übertreiben Sie es aber bitte nicht! In der Regel kann man auch in einer Kabine ohne die perfekte Sicht sehr gut leben.

(BILD 1) Am Beispiel der AIDAprima: Überhängende Stahlkonstruktionen der darüber liegenden Decks behindern die Sicht.

(BILD 2) Ebenfalls als Beispiel die AIDAprima. Von den Kabinen im schmaleren Teil hat man in Richtung des breiteren Schiffteils keine Sicht.

(BILD 3) Nochmals die AIDAprima: Kabinen direkt unter der Brücke, terrassenförmig angeordnet und am meisten den Elementen ausgesetzt.

(BILD 4) Das Heck der AIDAprima: Ebenfalls terrassenförmig angeordnete Kabinen.

DIE RICHTIGE KABINE

Auf welche der Kabinenkategorien Ihre Wahl fällt ist eher zweitrangig für Ihr Reiseerlebnis. Lediglich unter bestimmten Voraussetzungen ist diese wichtig, ansonsten hängt sie in erster Linie von Ihren ganz persönlichen Vorlieben und Erwartungen ab. Buchen Sie „nur" eine Innenkabine, bedeutet das also nicht zwingend, dass Sie eine weniger schöne Kreuzfahrt haben werden. Halten Sie es zum Beispiel nicht in engen, dunklen Räumen aus, so ist eine fensterlose Innenkabine aber wohl eher nicht für Sie geeignet. Oder: Mit Höhenangst wird ihnen eine Balkonkabine auf Deck 11 nicht viel Freude machen. Möchten Sie es etwas luxuriöser und exklusiver, dann werden Sie zumindest an einer Juniorsuite nicht vorbei kommen.

Darüber hinaus gibt es ein paar harte Fakten, die Sie in Ihre Entscheidung mit einbeziehen sollten:

• Preis- Leistungsverhältnis: Die Preisunterschiede zwischen den verschiedenen Kabinenkategorien können erheblich sein. Ist es ihnen diesen Preisunterschied wert? Oder sparen Sie lieber den Betrag an dieser Stelle und investieren ihn in tolle Landausflüge? Studieren Sie die Kabinentypen und Preise des in Frage kommenden Schiffs. Sie werden feststellen, dass man mit kleinen Abstrichen teilweise gutes Geld sparen kann. Wie gesagt: Balkonkabine ist zum Beispiel nicht gleich Balkonkabine. Ein paar Decks tiefer oder eine Kabine mit Sichteinschränkung kann den Gegenwert des ein oder anderen Landausflugs entsprechen.

• Lage der Kabine: In meinen Augen einer der wichtigsten Kriterien für die Auswahl Ihrer Kabine. Der Grund hierfür sind in erster Linie praktische Gründe, die aber nichts mit den oben beschriebenen Dingen (Sichteinschränkung, und so weiter) zu tun haben.

Lesen Sie hierzu die folgenden Tipps:

• Wenn es für Sie eine Rolle spielt, wie stark Sie die Schiffsbewegungen mitbekommen, so müssen Sie Folgendes bei der Kabinenwahl berücksichtigen: Je weiter ein Platz im Zentrum eines Schiffes liegt, umso weniger merkt man dort die Schiffsbewegungen. Konkret: Mittschiffs und auf einem der mittleren Decks ist hier der optimale Ort. Weiter Richtung Bug oder Heck beziehungsweise auf höher gelegenen Decks, werden alle Bewegungen merklich spürbarer. Ob es sich um eine Innen- Außen- oder Balkonkabine handelt ist hierbei nicht so sehr von Belang.

• Auf einem Schiff muss man mitunter sehr viel laufen. Sollten Sie das nicht wollen oder können, so wählen Sie eine Kabine in der Nähe einer der Liftanlagen beziehungsweise Treppenhäuser. Die meisten großen Kreuzfahrtschiffe bieten für Passagiere zwei, manchmal drei zentrale Treppenhäuser mit Liftanlagen. Gleiches gilt für eine räumliche Nähe zu Ihren favorisierten Schiffseinrichtungen. Stellen Sie zum Beispiel nach dem Studium des Schiffsplans, den es im Übrigen für jedes Schiff auf den Internetseiten der Reedereien gibt fest, dass die meisten Dinge, die ihnen gefallen, eher im vorderen Bereich des Schiffs zu finden sind, so macht es Sinn, eher eine Kabine dort zu suchen. Gleiches gilt für das Deck.

• Vermeiden würde ich auch Kabinen in der Nähe von hoch frequentierten öffentlichen Bereichen. Dazu zählen der Poolbereich und die Hauptrestaurants. Bewohner der Kabinen neben, unter oder über diesen Bereichen können durchaus von unliebsamen Geräuschen heimgesucht werden. Das kann durch das Auf- und Abbauen der Liegen auf dem Pooldeck der Fall sein oder aber auch durch das Personal, welches bereits zu nachtschlafender Zeit im Buffetrestaurant die Arbeit beginnt oder schlicht Massen von Passagieren, die den Gang vor Ihrer Kabine als Durchgangsstrecke zum Hauptrestaurant nutzen. Wie gesagt: Das kann, muss aber nicht sein. Aber sicher ist sicher.

• In der Regel sind die Kabinen für eine 2er Belegung ausgestattet. Es gibt allerdings durchaus Kabinen, die dafür ausgelegt sind, darüber hinaus noch eine dritte oder vierte Person aufzunehmen. Meist befindet sich dann in der Kabine noch ein Sofabett oder ein so genanntes Pullmannbett (ein in die Wand klappbares Stockbett). Diese Kombination ist ideal für Familien, die mit Kindern reisen. Sollten Sie mit einem Säugling oder Kleinkind reisen, so informieren Sie sich im Vorfeld, was Sie tun müssen, damit ihnen in der Kabine ein Babybett zur Verfügung gestellt wird.

Noch kurz: Generell gilt, dass Schiffskabinen, zumindest im Massenmarkt, eigentlich immer kleiner als vergleichbare Hotelzimmer an Land sind. Rechnen Sie also damit, dass Ihre Kabine auf dem Schiff kleiner sein wird, als das was Sie von Land gewohnt sind. In der Regel geben die Reedereien in deren Informationen für Sie als Anhaltspunkt die Kabinengrößen, teils sogar mit Grundrissen an.

Die nächste Kreuzfahrt gleich an Bord buchen

Ich schweife an dieser Stelle etwas ab und möchte Sie in Gedanken bereits mit an Bord nehmen. Nehmen wir also an, Ihre Reise ist gebucht und Sie befinden sich schon an Bord und sind begeistert. Genau auf diesen Moment hat die Reederei gewartet und eben genau zu diesem Zweck für Sie eine Art Reisebüro an Bord eingerichtet. Dort können Sie bereits während Ihrer aktuellen Reise die nächste Kreuzfahrt buchen. Doch welche Vor- oder Nachteile bringt das mit sich?

TREUEPROGRAMM DER REEDEREI

Bevor ich jedoch im Folgenden genauer darauf eingehe, möchte ich kurz erwähnen, dass die meisten Reedereien im Massenmarkt ein Treueprogramm anbieten. Ähnlich wie bei anderen Treueprogrammen auch, können Sie auch hier Punkte, Seemeilen oder was auch immer sammeln. Manche Reedereien vergüten entsprechend Ihrer Reisedauer, andere richten sich nach dem Reisepreis und wieder andere honorieren jede gefahrene Seemeile. Auch hier können Sie verschiedene Treue-Stufen erreichen, die ihnen immer mehr Vorteile bringen sollen. So weit so gut, ich glaube Sie wissen, worum es geht.

Bereits im Vorfeld Ihrer Reise wird ihnen die Reederei anbieten, deren Treueprogramm beizutreten. Ich empfehle ihnen, dies auf jeden Fall zu tun. Selbst bei Ihrer ersten Reise und selbst, wenn noch gar nicht feststeht, ob Sie überhaupt jemals noch eimal eine Kreuzfahrt machen werden. Denn meist bekommen Sie bereits mit der niedrigsten Mitgliedsstufe einige Vergünstigungen.

Oft bieten Reedereien den Mitgliedern ihres Treueprogramms an, die bereits gesammelten Punkte bei der Buchung neuer Reisen verrechnen zu lassen oder man kann damit zum Beispiel Getränkepakte kaufen oder umgekehrt bekommt man Punkte, wenn man eine Reise vermittelt, und so weiter. Dies sollte man wissen, wenn man generell darüber nachdenkt, eine weitere Reise bei dieser Reederei zu buchen, oder sogar direkt an Bord der aktuellen Reise erneut zuschlagen möchte. Die genannten Optionen können Sie teilweise nur in Anspruch nehmen, wenn Sie direkt bei der Reederei buchen.

VORTEILE, WENN MAN EINE NEUE REISE GLEICH AN BORD BUCHT

Die Crewmitglieder in den kleinen Bordreisebüros gehören sicherlich zu den kompetentesten Ansprechpartner, wenn es um Fragen rund um die Reisen mit der entsprechenden Reederei geht. Meist waren sie bereits auf den verschiedenen Schiffen der Reederei und haben mitunter schon eine Vielzahl von Fahrtgebieten und Routen persönlich kennenlernen dürfen. Ähnlich geballte Kreuzfahrtkompetenz werden Sie an Land sehr schwer finden. Darüber hinaus liegen an Bord immer die aktuellsten Angebote vor. Sie müssen sich also nicht erst selbst durch den Dschungel der Kreuzfahrtangebote dieser Reederei schlagen, um schließlich das vermeintlich beste Angebot zu buchen.

Sie werden drüber hinaus auch immer Angebote erhalten, die es nur exklusiv auf den Reisen gibt. Sei es, dass vielleicht das An- und Abreisepaket besonders günstig hinzu buchbar ist oder, dass Sie ein recht ansehnliches Bordguthaben erhalten oder ein Getränkepaket bereits im Reisepreis enthalten ist. Manchmal gibt es einfach auch nur einen pauschalen prozentualen „Bordrabatt".

Sollten Sie zögern, weil Sie sehr gerne Ihrem heimischen Reisebüro den Verdienst für eine neue Buchung zukommen lassen möchten, so kann ich Sie beruhigen. Oft können Sie Ihr Reisebüro als Vermittler hinterlegen lassen, so dass dieses die Provision für die von ihnen an Bord gebuchten Reise erhält. Bitte informieren Sie sich in diesem Fall allerdings, ob ihnen persönlich dadurch nicht irgendwelche Vorteile entgehen.

NACHTEILE, WENN MAN EINE NEUE REISE GLEICH AN BORD BUCHT

Natürlich erwischt Sie die Reederei mit ihrem Angebot, gleich an Bord Ihre nächste Reise zu buchen in einer Stimmungslage, in der man recht leicht Dinge tut, die vielleicht nicht sonderlich rational sind. Sie schweben im siebten Himmel über das Schiff, alles ist super toll, die Reise gefällt ihnen absolut gut und Ihr Entschluss steht fest, auf jeden Fall wieder auf Kreuzfahrt zu gehen. Was liegt dann also näher, als gleich an Bord die nächste Reise zu buchen! So oder so ähnlich könnte es in ihnen vorgehen, wenn Sie auf das Angebot der Reederei treffen.

An Bord haben Sie in der Regel nur sehr eingeschränkte Möglichkeiten, Angebote zu vergleichen und Informationen über Schiffe, Fahrtgebiete und Routen zu recherchieren. So nutzen manche die gute WLAN-Verbindung im Terminal des nächsten Hafens, um Ihre Recherchen zu betreiben. Für Ihre aktuelle Kreuzfahrt saßen Sie wochenlang Abend für Abend vor dem Rechner, um vielen kleinen Details nachzugehen und alles minutiös zu planen. Nun ist es zwar nicht mehr Ihre erste Reise, aber trauen Sie sich zu, in einem ungemütlichen Kreuzfahrtterminal binnen weniger Augenblicke mal eben eine Entscheidung zu treffen, für die Sie in letzter Konsequenz unter Umständen tausende von Euros ausgeben werden? Wie sieht es mit anderen Terminen zur selben Zeit aus? Heiratet vielleicht zur selben Zeit gerade zufällig Ihre beste Freundin? Bekommen Sie überhaupt Urlaub? Können Sie all das eben mal so schnell abklären? Manche Reedereien haben dieses Manko erkannt und bieten ihren Gästen an, die auf dem Schiff auserkorene Reise für eine gewisse Zeit bis nach Ihrer Rückkehr nach Hause zu reservieren. Dort können Sie dann ihn Ruhe alles nötige abklären und noch einmal in sich gehen um erst danach die Buchung endgültig zu bestätigen beziehungsweise zu stornieren.

Ich möchte ihnen weder zu- noch abraten, wenn es darum geht, ob es eine gute Idee ist, bereits an Bord eine neue Kreuzfahrt zu buchen. Ich rate ihnen nur, sich sehr gut zu informieren und alles gut zu überlegen. Dann spricht grundsätzlich nichts dagegen.

Was passiert nach der Buchung?

Es ist vollbracht! Sie haben Ihre Kreuzfahrt gebucht! Doch was nun? Bis zur Reise verstreichen unter Umständen noch einige Monate. Doch langweilig wird es ihnen bis dahin bestimmt nicht werden!

Zeitnah nach der Buchung erhalten Sie von der Reederei eine Buchungsbestätigung. In ihr finden Sie alle vereinbarten Details sowie Informationen zu den Zahlungsmodalitäten. Meist ist zu diesem Zeitpunkt auch schon die Anzahlung fällig. Deren Höhe beläuft sich je nach Reederei, Tarif und Zeitspanne bis zur Reise auf ca. 10-30%. Sollte die Reise schon sehr bald beginnen (meist innerhalb der nächsten 30 Tage), so kann auch der gesamte Reisepreis fällig werden. Bei der Bezahlung können Sie eine der verbreiteten Zahlungsmöglichkeiten auswählen. In der Regel bieten mittlerweile alle Reedereien des Massenmarktes ihren Gästen ein individuelles Online-Gästeportal. Dort können Sie alle Informationen zu Ihrer Reise einsehen, Sie können Extras buchen oder die Zahlungsmodalitäten einsehen. Den Zugang hierzu erhalten Sie ebenfalls bereits jetzt. Machen Sie sich mit diesem Portal vertraut. Dies kann von Reederei zu Reederei unterschiedlich umfangreich sein. Sie werden es auf jeden Fall im Vorfeld Ihrer Reise noch einige Male benötigen. Aber keine Angst: Sollten Sie dies nicht wollen oder keinen Onlinezugang haben, so ist dies auch kein Problem. In diesem Fall müssten Sie aber bei der Buchung abklären, wie in Ihrem Fall die weiteren Abläufe sein werden. Denn wie gesagt, auch die Kreuzfahrtbranche ist in der digitalen Welt angekommen, Sie werden gewöhnlich von der Reederei kein Stück Papier mehr bekommen.

Stellen Sie sich darauf ein, dass Sie von der ein oder anderen Reederei von nun an regelmäßig E-Mails bekommen werden. Auch hier gibt es große Unterschiede. Von Funkstille bis hin zu an Belästigung grenzend. Meist sind diese E-Mails schlicht Werbung für Dinge, die Sie entweder bereits schon jetzt im Vorfeld hinzu buchen können oder für etwas, das Sie nach Meinung der Reederei unbedingt an Bord tun müssen. Ich empfehle ihnen dennoch, die E-Mails zumindest kurz zu überfliegen. Nur, um auf Nummer sicher zu gehen, keine wichtigen Termine und Fristen zu verpassen. Aber keine Angst. Die wirklich wichtigen Dinge passieren erst in den 2-3 Wochen vor der Reise.

Einzige Ausnahme wären bestimmte Aktivitäten an Bord, die erfahrungsgemäß sehr beliebt sind. Das zu beurteilen ist für Sie als Kreuzfahrt-Neuling natürlich recht schwierig und sogar Vielfahrer wissen auch nicht, welche Highlights auf dem jeweiligen Schiff sehr beliebt sind. Hier hilft ihnen bestimmt sehr gerne Ihr Reisebüro oder auch eine Recherche in den jeweiligen Gruppen und Foren für dieses Schiff. Sollten Sie auf dem Schiff eine ganz bestimmte Aktivität auf jeden Fall buchen wollen, so spricht nichts dagegen, dies unmittelbar nachdem Sie Zugang zum Onlineportal haben, zu erledigen.

Vorbereitungen bis zur Reise

Die nötigen Vorkehrungen unterscheiden sich zunächst nicht sehr von denen für eine ganz normale Urlaubsreise. Nicht so sehr die Tatsache, dass Sie auf einem Schiff sein werden, vielmehr, dass Sie jeden Tag in einer andere Stadt, die sich vielleicht sogar in einem anderen Land befinden kann, macht den Unterschied, der bei manchen Dingen zu berücksichtigen ist.

Versicherungen

Auf die für alle Reiseteilnehmer unverzichtbare Reisekrankenversicherung bin ich bereits ausführlich und nachdrücklich in einem der vorangegangenen Kapitel eingegangen.

Ansonsten sollten Sie vielleicht über eine Reiserücktritts- und Reiseabbruchversicherung nachdenken. Gerade bei recht teuren Reisen, wie einer Kreuzfahrt könnten diese beiden Versicherung unter Umständen Sinn machen. Gerade, wenn mehrere Personen, zum Beispiel eine Familie mit Kindern verreisen, ist doch das Risiko höher, dass eine davon ausfällt. Lassen Sie sich vor der Buchung beraten beziehungsweise informieren Sie sich, denn diese Versicherungen sind um einiges teurer als die relativ günstigen Reisekrankenversicherungen.

Natürlich gibt es noch einige weitere Versicherungen, die ihnen ein geschäftstüchtiger Versicherungsmakler empfehlen würde. Aber ob Sie diese wirklich brauchen - ich weiß es nicht. Das liegt in Ihrem eigenen Ermessen. Denken Sie auch an evtl. bereits vorhandene Versicherungen. Viele Kreditkarten beinhalten einige Versicherungen (Bitte hier aber unbedingt genau auf das Kleingedruckte achten!) Manche Reisekrankenversicherungen laufen ein ganzes Jahr lang - vielleicht waren Sie dieses Jahr bereits unterwegs?

Reiseapotheke

Denken Sie zunächst an die von ihnen regelmäßig eingenommenen Medikamente. Diese sollten von ihnen in ausreichender Menge plus einer kleinen Reserve, die für einige Tage ausreichen sollte, mitgeführt werden. Verlassen Sie sich nicht auf das Bordhospital. Es ist nicht gesagt, dass dort Ihre Medikament vorrätig sind und wie bereits erwähnt, kann eine Konsultation des Bordarztes ganz schön ins Geld gehen. Verlassen Sie sich auch nicht auf lokale Apotheken in den Reiseländern.

Außerdem sollten Sie an die üblichen Medikamente denken, die man auch in einer guten Hausapotheke findet. Ich denke hierbei an Kopfschmerztabletten und Ähnliches. Wie weit Sie Ihre Hausapotheke 1:1 mit auf die Reise nehmen, müssen Sie selbst wissen. Hinzufügen sollten Sie auf jeden Fall ein Mittel gegen Reise- beziehungsweise Seekrankheit.

In letzter Konsequenz kann ich Sie beruhigen. Mit einer Kreuzfahrt gehen Sie ein relativ geringes Risiko ein, in eine medizinische Mangelversorgung zu geraten. Wenn alle Stricke reißen, ist das Bordhospital für Sie da und an Land kann man ihnen auch helfen. Nur wäre es sehr schade, dass Sie eine Packung Kopfschmerztabletten zu Hause im Medizinschrank liegen lassen, um dann während Ihrer Reise einen Landgang damit zu verbringen, diese vor Ort einzukaufen.

An dieser Stelle möchte ich Sie noch auf ein wichtiges Detail hinweisen, falls Sie im Ausland auf das Schiff aufsteigen und die Anreise per Flugzeug erfolgt. Bitte informieren Sie sich, gerade für außereuropäische Länder darüber, ob Sie für die von ihnen mitgeführten Medikamente eine Bescheinigung benötigen, dass das Mitführen der Mittel für Sie eine Notwendigkeit darstellt. Es gibt Länder, in denen manche Medikamente als Drogen eingestuft werden, weil Sie zum Beispiel einen bestimmten Wirkstoff enthalten. Damit ihnen dies nicht zum Fallstrick wird, genügt in der Regel eine offizielle Bescheinigung Ihres Hausarztes. Dieser weiß meist, was er zu tun hat. Informationen über Länder, in denen solche Regelungen gelten, gibt es zum Beispiel beim ADAC.

Zusatzleistungen buchen

Beim Studium des bereits zuvor erwähnten Onlineportals zu Ihrer Reise könnten ihnen unter Umständen die Augen überlaufen. So viele Optionen werden von manchen Reedereien angeboten. Das fängt beim Unterwäsche-Wäschereipaket zum Sonderpreis an und geht bis zu exotischen Spa- und

Wellnessbehandlungen. Gleich vorneweg; Sie müssen rein gar nichts davon buchen! Natürlich würde die Reederei sehr gerne so bald als möglich „den Sack zu machen". Was verkauft ist, ist verkauft. Und ja, bei dem ein oder andere Angebot würde ich mir auch überlegen, es bereits vor der Reise und nicht erst auf dem Schiff zu buchen. Zum Einen sind manche Angebote wirklich nur im Vorfeld buchbar und zum Anderen sind andere Offerten so schnell vergriffen, dass Sie auf dem Schiff wohl leer ausgehen werden.

Doch was macht Sinn und was können Sie getrost ignorieren? Tja, wenn ich ihnen da eine befriedigende Antwort geben könnte. Auf Ausflüge und Getränkepakete gehe ich im Folgenden noch gesondert ein. Bei allen anderen Dingen hängt es sehr stark von Ihren eigenen Bedürfnissen und dem Budget ab, ob eine Buchung im Voraus sinnvoll ist oder nicht. Für Kreuzfahrt-Neulinge kann ich mir grundsätzlich zwei Szenarien vorstellen:

Sie buchen viel zu viele Angebote im Voraus: Auf dem Schiff kommen Sie dann gar nicht mehr zur Ruhe, weil Sie von einem Termin zum nächsten hetzen müssen. Gerade eben noch die Thai-Massage, dann gleich darauf ins Spezialitätenrestaurant zum Mittagessen, selbst verständlich im Voraus gebucht und dann am Abend unbedingt noch 2, 3 Cocktails trinken - wäre schade um das Getränkepaket.

Oder: Sie haben fast gar nichts im Voraus gebucht: Spezialitätenrestaurant - Ausgebucht. Thai-Massagen: Nur noch an einem der Landtage. Und dann doch lieber keinen Cocktail am Abend - kostet schließlich jedes Mal Geld.

Nun ist es an ihnen, herauszufinden, in welcher der beiden Szenarien Sie sich wieder erkennen. Die Wahrheit liegt wohl irgendwo dazwischen. Ich tendiere dazu, ihnen zu raten, eher weniger Angebote im Voraus zu buchen. Schließlich ist es Ihre erste Kreuzfahrt. Sie können viele Angebote noch gar nicht einordnen. Und wenn Sie etwas flexibel sind und der ein oder anderen vertanen Chance nicht nachtrauern, werden Sie an Bord viele Angebote finden, die sowohl verfügbar, bezahlbar und auch sehr unterhaltsam sind.

Ein etwas „unanständiger" Tipp: Es gibt bei manchen Reedereien durchaus einige im Preis enthaltene Spezialitätenrestaurants, die man im Voraus buchen kann. In der Regel gilt auch dort, wie fast überall, dass Tische, die zum Termin (plus etwas Karenzzeit) nicht vergeben werden, wieder geöffnet und für andere Gäste freigegeben werden. Das bedeutet für Sie, dass Sie unter Umständen recht wohl einen Tisch in diesen Lokalen im Voraus buchen sollten. Wenn es ihnen dann an Bord doch irgendwie nicht ins Konzept passt, dann gehen Sie einfach nicht hin oder aber Sie stornieren den Tisch, falls möglich! Dies gilt im Großen und Ganzen auch für die nicht inkludierten Restaurants an Bord.

Wie gesagt, hierbei ging es nur um Zusatzleistungen für Restaurants, Spa- und Wellness, Services und Ähnliches. Egal ob inkludiert, aber im Voraus buchbar oder kostenpflichtig.

Ausflüge

Bei Ausflügen sieht die Sache unter Umständen schon wieder ganz anders aus.

AUF EIGENE FAUST VS. ORGANISIERT

Sie fragen sich vielleicht, ob es eher ratsam ist, die Landausflüge lieber auf eigene Faust zu unternehmen, im Vorfeld bereits zu planen und ggf. bei Drittanbietern zu buchen oder ob man eher auf die Angebote der Reederei vertrauen sollte.

Meine Antwort: Das kommt darauf an. Zunächst müssen Sie wissen, dass es sich mit den Ausflügen genau so verhält, wie mit der Anreise: Begeben Sie sich vertrauensvoll in die Hände der Reederei, dann liegt die Verantwortung auch bei ihr. Kommen Sie also nicht rechtzeitig zum Schiff zurück, dann kümmert sich die Reederei darum, dass das Schiff auf Sie wartet. Sind Sie auf eigene Faust unterwegs, dann wartet niemand auf Sie, sollten Sie zu spät von Ihrem Landgang zurückkommen. Um es an dieser Stelle ganz klar zu sagen: „Alle Mann an Bord" um zum Beispiel 19 Uhr bedeutet „Alle Mann an Bord" um 19 Uhr. Nicht 19:30 Uhr oder wann auch immer. Das Schiff wartet nicht auf Sie! Mit allen Konsequenzen, die Sie dann ganz alleine zu tragen haben!

Auch wenn Sie Ihren Ausflug bei der Reederei gebucht haben sollten, wird dieser nicht von der Reederei selbst durchgeführt. Es wird auch kein „Reiseleiter" von Bord den Ausflug leiten. Die Reederei arbeitet immer mit lokalen Agenturen zusammen, die auch den Ausflug durchführen und den Reiseleiter stellen. In der Regel begleitet die Gruppe aber ein Crewmitglied. Das kann jemand vom Ausflugsteam an Bord sein, es kann aber auch ein Crewmitglied aus irgendeinem anderen Department sein. Diese Begleiter können ihnen allerdings meist auch nur bei ganz grundlegenden Fragen weiterhelfen. Ihre Aufgabe ist es vielmehr, sozusagen als Repräsentanten der Reederei, zu beobachten, ob der Ausflug den Vorgaben entspricht.

Aber auch hier gibt es Unterschiede zwischen den Reedereien. Sollten Sie, warum auch immer, bestimmte Erwartungen haben, so informieren Sie sich darüber bereits vor der Buchung an Bord. Ich denke hier zum Beispiel an sprachliche Barrieren. Wenn Sie dem Englischen nicht mächtig sind, so würde ich ihnen dringend empfehlen, bereits vor der Buchung abzuklären, ob dies nicht zum Problem werden könnte.

Aber genug ermahnt. Meiner Ansicht nach gibt es gute Häfen für Ausflüge, die man auf eigene Faust unternehmen kann und eher nicht so gut geeignete. In manchen Häfen ist man nur einen Steinwurf von Sehenswürdigkeiten, öffentlichen Verkehrsmitteln oder Einkaufsgelegenheiten entfernt und in anderen Häfen ist es schon eine echte Herausforderung erst einmal dorthin zu kommen. Leider weiß man das unter Umständen nicht im Vorfeld. Viele Häfen bieten mehrere Liegeplätze für Kreuzfahrtschiffe an und es ist nicht immer gesagt, dass die Reederei beziehungsweise das Schiff jedes Mal am selben Liegeplatz anlegt. Daher fällt die Planung nicht ganz leicht. In anderen Häfen wiederum ist es so gut wie gesetzt, wo das Schiff anlegen wird. All das sind meiner Ansicht nach KO-Kriterien für oder gegen selbst organisierte Landausflüge. Vieles hängt auch davon ab, ob Sie geübt darin sind, eigene Ausflüge zu organisieren.

Zu guter Letzt könnten Sie natürlich auch ein „Zwischending" wählen und vor Ihrer Reise einen Ausflug zum Beispiel bei „Get your Guide" buchen. Ich persönlich habe mit diesen Anbietern keinerlei Erfahrung, deshalb verzichte ich hierzu auf weitere Kommentare.

Nun aber zurück zu der Möglichkeit, Ausflüge bereits im Vorfeld über das Onlineportal der Reederei zu buchen. Hier wird ihnen eine Vielfalt von möglichen Ausflügen angeboten. Anhand dem Hafen in Palma de Mallorca, einem der populärsten Kreuzfahrthäfen im Mittelmeer und dem entsprechenden Angebot der Reederei AIDA, einem der Marktführer für den deutschen Markt, möchte ich ihnen dies hier veranschaulichen:

Ausflug	Preis p.P.
Eine Zugreise durch Mallorcas Berge	89 Euro
Die Drachenhöhlen von Porto Cristo	59 Euro
Palma klassisch	49 Euro
"Komm an Land" Palma kompakt	29 Euro
Wandern im Tramuntana Gebirge	79 Euro
"Komm an Land" Palma kompakt für abreisende Gäste	29 Euro
Sóller und die Ölmühle von Can Det	65 Euro
"Komm an Land" Zu Fuß durch Palma	35 Euro
Mit dem Bike Palmas Höhepunkte erkunden	45 Euro
Mit dem E-Bike Palmas Höhepunkte erkunden	59 Euro
Golfclub Son Termens	199 Euro
Hop-On Hop-Off Bus in Palma de Mallorca (inklusive Shuttle)	27 Euro

Exemplarisches Beispiel: Von AIDA für den Hafen Palma de Mallorca angebotene Ausflüge inklusive Preisen pro Person (Stand: 2022).

Ähnlich sehen auch die Angebote anderer Reedereien aus. Je nach Konzept und Zielgruppe können die Ausflüge der entsprechenden Klientel angepasst sein. Es gibt durchaus Häfen, in denen das Angebot geringfügig kleiner ausfällt. Andererseits gibt es aber auch Häfen, in denen das Angebot ungleich umfassender ist. Es liegt an ihnen, die Preise einzuordnen. Grundsätzlich kann man sagen, dass die Ausflüge, welche von den Reedereien angeboten werden, selbstverständlich ihren Preis haben. Erfahrungsgemäß sind diese allerdings nicht überteuert oder durch die „Marktmacht" der Reedereien ungerechtfertigt.

An obigem Beispiel sehen Sie recht gut, dass es durchaus einige Ausflüge geben kann, die bereits im Vorfeld oder dann an Bord sehr schnell ausgebucht sein könnten. Nehmen wir zum Beispiel das Angebot „Mit dem E-Bike Palmas Höhepunkte erkunden". Die hier verwendeten E Bikes werden auf dem Schiff mitgeführt. Wurde für jedes E-Bike ein Fahrer gefunden, ist dieser Ausflug ausgebucht. Anders bei „"Komm an Land" Zu Fuß durch Palma". Hier gibt es praktisch keine Limits, der Ausflug wird wohl eher nicht so schnell ausgebucht sein.

Auch hier wieder: Ist ihnen etwas ganz besonders wichtig, buchen Sie es so bald als möglich. Andernfalls hat es auch noch Zeit, bis Sie an Bord sind. Vielleicht gibt es genau für die selbe Zeit ein anderes Angebot, das ihnen besser gefällt. Informieren Sie sich auch auf jeden Fall über die Stornierungsmöglichkeiten Ihrer im Voraus gebuchten Ausflüge!

Getränkepakete

Ein ganz heißes Thema! Wie bereits mehrfach erläutert: Sollte nichts weiter vermerkt sein, so bietet ihnen die Reederei während Ihrer Reise unter Umständen nur (stilles) Wasser als einzig kostenfreies Getränk an. Das wäre sozusagen der „Schlimmste anzunehmende Notfall". Andererseits werben die Reedereien im Vorfeld Ihrer Reise und teilweise sogar noch an Bord mit deren Getränkepaketen.

Ein Getränkepaket ist nichts anderes als eine Zusammenstellung verschiedener an Bord erhältlicher Getränke die, sollten Sie das Paket erwerben, für Sie im Rahmen dessen an Bord kostenfrei werden. Meist wird nicht nur ein Paket angeboten, in der Regel gibt es verschiedene Pakete. Angefangen bei einem Paket, das zum Beispiel ausschließlich alkoholfreie Kalt- und Heißgetränke beinhaltet, in der nächsten Stufe beinhaltet das Paket darüber hinaus auch noch alkoholhaltige Getränke wie Bier und Wein und im größten Paket sind darüber hinaus auch noch Getränke, die hochprozentige Spirituosen enthalten inkludiert. Hierzu gehören dann auch die auf Schiffen so beliebten Cocktails.

Doch lohnt sich das alles? Das hängt ganz von Ihren Trinkgewohnheiten ab. Lassen Sie es uns einmal ansatzweise exemplarisch durchrechnen: Nehmen wir an, das Getränkepaket „Basic" kostet pro Kopf und umgerechnet auf den Tag 12,50 Euro. Nun ist die Reederei schlau und verlangt, dass das identische Paket von allen erwachsenen Gästen einer Kabine gebucht werden muss. Das bedeutet, bei zwei Personen kämen wir auf 25 Euro pro Tag. In dem Paket sind fast alle alkoholfreien Kalt- und Heißgetränke an Bord enthalten. Also zum Beispiel: Wasser, Softdrinks wie Cola, Fanta und Sprite, Säfte, Tee, Kaffee. „Fast alle"!? Ja, genau, denn wie bei allen Getränkepaketen gibt es auch hier Getränke, die eigentlich per Definition dazu gehören sollten, es aber nicht tun. Beispiele in unserem Fall wären etwa irgendwelche Limonaden von irgendeinem tollen Startup, die es zwar an Bord gibt, welche aber nicht im Getränkepaket enthalten sind.

Doch was würden die enthaltenen Getränke eigentlich kosten, wenn man Sie ganz normal an Bord bezahlt? Gehen wir einmal davon aus, dass eine Cola an Bord 2,50 Euro kostet und ein Cappuccino 4,00 Euro. Gehen wir weiter davon aus, dass Sie beim Frühstück Filterkaffee kostenlos erhalten und zu den anderen Mahlzeiten im Buffetrestaurant gibt es Wasser, Softdrinks, Wein und Bier ebenfalls inklusive. Sie müssten nun also den Tag über, zwischen den Mahlzeiten pro Person zum Beispiel jeweils 5 Softdrinks trinken, damit sich die 12,50 Euro pro Person rechnen. Sollte ihnen einmal der Softdrink nicht schmecken und Sie sich dann doch für einen Cocktail entscheiden, dann schlägt dieser auf der Bordrechnung ganz normal mit dem vollen Preis zu Buche. Ich denke, Sie verstehen wie das System Getränkepaket funktioniert.

Letztendlich müssen Sie für sich anhand Ihrer Gewohnheiten, der Kosten für das jeweilige Getränkepaket, den ohnehin bereits inkludierten Getränken und den Preisen für die Getränke an Bord ausrechnen, ob sich überhaupt und wenn ja welches Getränkepaket für Sie lohnt.

Sie haben die Wahl zwischen: Ich buche kein Paket und rechne bei jedem Getränk nach, wie viel mich der Spaß am Ende der Reise kosten wird! Oder: Ich buche ein Getränkepaket und setze mich im Zweifel unter Druck, den Gegenwert dafür jeden Tag, komme was wolle, zu verkonsumieren. Bzw. Sie geben sich der Tendenz hin deutlich mehr zu trinken, als Sie eigentlich möchten - gerade beim Erwerb eines Pakets, das alkoholische Getränke beinhaltet.

Deshalb mein Rat: Rechnen Sie gut und informieren Sie sich über die Getränkepreise an Bord und wo und wann welche Getränke inkludiert sind. Dann können Sie entscheiden und bei Bedarf ein Paket dazu buchen. Sie werden aber merken, dass alleine das Hinzubuchen eines solchen Pakets den Reisepreis um einige Hundert Euro in die Höhe treiben wird. Vielleicht ein Punkt mehr für eine „All Inklusive"-Kreuzfahrt?

Gibt es eine Schiffs-App?

Wie bereits des Öfteren erwähnt: Auch die Kreuzfahrtindustrie und somit auch die Schiffe werden immer digitaler. Alte Schiffe werden so gut es geht nachgerüstet und neue Schiffe werden bereits in der Werft mit dem neusten Stand der IT-Technik versehen. Eine der Konsequenzen daraus sind die inzwischen von jeder Reederei veröffentlichen Schiffs-Apps fürs Handy. Aus diesem Grund rate ich ihnen bereits vor Ihrer Reise, einmal nach der entsprechenden App Ihrer Reederei zu suchen und diese herunter zu laden. Ein Hinweis: Laden Sie die App unbedingt schon zu Hause herunter! Zwar kann man mit dieser App dann kostenlos über das Schiffs-WLAN die App-Funktionen nutzen, herunterladen kann man die App aber darüber nicht. Dies hat auch den Vorteil, dass Sie sich mit der App bereits im Vorfeld vertraut machen können. Wenn Sie Glück haben, dann bietet ihnen die Reederei Ihres

Schiffes die Möglichkeit, auch über das Schiffs-WLAN für zum Beispiel 15 Minuten ins Internet zu gehen, um die Schiffs-App herunter zu laden. Verlassen würde ich mich allerdings darauf nicht. Doch Achtung: Einige Punkte der App werden erst an Bord funktionieren.

Meiner Meinung nach sind fast alle Apps der Reedereien noch ausbaufähig. Dies betrifft sowohl die Benutzerfreundlichkeit, aber auch den Funktionsumfang. Abhängig davon, wie weit die Reederei die App bereits in den Schiffsalltag integriert hat, können Sie folgende Angebote nutzen: Bordprogramm auf der App, Informationen zum Schiff, wie zum Beispiel Deckpläne, Öffnungszeiten der Bordeinrichtungen, Speise- und Barkarten, Buchung von Terminen und Ausflügen, Informationen zu den Ausflügen, Liegezeiten im Hafen, Wettervorhersage, Anzeige des Bordkontos in Echtzeit, Schiffsortung, Reiseverlauf, Seenotrettungsübung und so weiter.

Sie müssen aber auch wissen, dass Sie die Reederei nicht dazu zwingen wird, diese App zu verwenden. Das bedeutet, dass die meisten Funktionen der App auch auf anderen Kanälen und Wegen verfügbar sind. Teilweise sind diese aber nicht so komfortabel. Oft gibt es auf den Schiffen auch spezielle Ansprechpartner, die sich um Fragen bezüglich der App-Nutzung, kümmern.

Die Reise geht weiter, auch was diesen Bereich der Kreuzfahrt angeht. Und so werden Sie vielleicht bereits bei Ihrer nächsten Kreuzfahrt Funktionen in der Schiffs-App finden, die Sie bei Ihrer letzten Reise noch vermisst haben.

Manifest

Schiffsmanifest - was so wichtig und für den Laien geheimnisvoll klingt , ist schlicht eine Art „Selbstauskunft", die jeder Passagier vor Reisebeginn ausfüllen muss. Dies geschieht mittlerweile ebenfalls über das Onlineportal Ihrer Reise. Dort ist auch angegeben, bis wann dieses Manifest spätestens von ihnen ausgefüllt sein muss.

Doch was möchte die Reederei in diesem Schiffsmanifest von ihnen wissen? Letztendlich wird im weitesten Sinne Folgendes abgefragt:

• Name

• Anschrift

• Telefonnummer und E-Mail

• Reisepassdaten

• Grundlegende Gesundheitsdaten, welche unter Umständen die Mitnahme auf dem Schiff ausschließen würden.

• Sie müssen mit einem Haken bestätigen, dass Sie die Einreisebestimmungen der jeweiligen Länder zur Kenntnis genommen haben.

• Daten einer Kontaktperson an Land für Notfälle.

Darüber hinaus müssen Sie im Anschluss daran auch noch eine Zahlungsart für Ihre Bordrechnung einrichten. Sie können in der Regel mit Kreditkarte oder mit Bargeld bezahlen. Dazu aber gleich mehr.

Bitte wundern Sie sich aber nicht, wenn Sie beim Check-In im Kreuzfahrtterminal noch einmal Ihren Ausweis vorzeigen müssen, damit dieser von den Mitarbeitern nochmals mit dem System abgeglichen werden kann. Das korrekte Ausfüllen des Manifests ist verpflichtend.

Bezahlung an Bord

Meist fragen die Reedereien bereits in Verbindung mit dem Schiffsmanifest ab, wie Sie an Bord bezahlen möchten. D.h., „bezahlen" werden Sie an Bord immer mit Ihrer Bordkarte, dazu aber später mehr. Die Reederei möchte wissen, wie dann Ihr Bordkonto abgerechnet werden soll. Eigentlich immer können Sie mit Kreditkarte bezahlen, oft sogar auch mit Bargeld und manchmal mit für das Herkunftsland der Reederei typischen Zahlungsmitteln, wie zum Beispiel mit EC-Karte bei deutschen Reedereien.

Die Bezahlung mit Bargeld erfolgt an Bord. Manche Reedereien bieten hierzu auf den Schiffen so etwas ähnliches wie Geldautomaten. Diese Maschinen füttern Sie mit Ihrem Bargeld und die entsprechende Summe wird Ihrem Bordkonto gutgeschrieben. Am Ende der Reise bekommen Sie das Restgeld wieder in bar zurück. Bei anderen Reedereien zahlen Sie das Bargeld an der Rezeption ein. Sie müssen, in der Regel binnen 24 Stunden ab Reisebeginn, Ihr Bordkonto mit dem Bargeld aufladen, ansonsten können Sie mit Ihrer Bordkarte nichts an Bord erwerben. Kein Geld auf dem Bordkonto - keine Drinks!

Die Bezahlung mit Kreditkarte ist denkbar einfach. Sollten Sie nicht bereits Ihre Kreditkarte im Onlineportal verknüpft haben, so müssen Sie dies ebenfalls innerhalb der ersten 24 Stunden an Bord tun. Sonst gilt für Sie auch: Keine Kreditkartenverknüpfung - keine Drinks! Je nach Reederei wird Ihre Kreditkarte nun jeden Tag belastet oder nachdem ein bestimmter Betrag überschritten wurde beziehungsweise erst am Ende der Reise.

BORDWÄHRUNG

Auf jedem Schiff gibt es eine Bordwährung. Keine Angst! Sie müssen dort nicht mit Fantasiegeld bezahlen. Bordwährung bedeutet vielmehr, in welcher Währung die Preise an Bord angegeben sind und wie Ihr Bordkonto geführt wird. Bei Schiffen, die von EU-Reedereien betrieben werden, ist dies eigentlich immer der Euro. Bei US-Schiffen der US-Dollar. Letztendlich müssen Sie dies immer nur im Hinterkopf behalten, wenn Sie die Bordpreise ansehen und vergleichen wollen. Ich empfehle ihnen, vor Ihrer Reise den aktuellen Umrechnungskurs der Bordwährung aufzuschreiben, damit Sie an Bord immer ein wenig hin und her rechnen können.

Sollten Sie planen, Ihre Bordrechnung in bar zu begleichen, so informieren Sie sich bitte im Vorfeld Ihrer Reise, in welcher Währung Sie dies an Bord tun können. Unter Umständen müssen Sie zum Beispiel US-Dollar mit sich führen. Bei Kreditkartenzahlung kann eine Fremdwährungsgebühr Ihres Kreditkartenanbieters fällig werden.

Gepäck

Was packe ich für eine Kreuzfahrt ein?

Eine passende Antwort auf diese Frage gibt es nicht. Was in Ihren Koffer wandern sollte, hängt von Ihren ganz persönlichen Bedürfnissen, vom Fahrtgebiet, aber auch etwas vom gewählten Schiff ab. Machen Sie sich aber nicht verrückt und versuchen für jede nur erdenkliche Situation das passende im Gepäck zu haben. Es ist in meinen Augen zum Beispiel viel wichtiger, dass Ihre Kleidung zu den klimatischen Bedingungen Ihrer Reiseroute passt, als dass Sie immer perfekt gekleidet im Restaurant auftauchen. Das beutetet natürlich nicht, dass Sie Hinweise wie „formaler Abend" oder „Smart Casual" komplett ignorieren sollten. Auch hier sind die zu Ihrem Schiff passenden Foren und Gruppen hilfreich. Außerdem sollten Sie beim Packen die Tipps in den folgenden Kapiteln beherzigen.

Etwas unpassend klingen vielleicht diese Einpacktipps, dennoch möchte ich sie ihnen nicht vorenthalten: Denken Sie daran, einen Reiseadapter mitzunehmen. Wenn das Schiff nicht relativ neu ist, findet man unter Umständen auf den Kabinen nur ganz wenige Steckdosen. Manchmal ist sogar nur eine vorhanden. Und man weiß nie, welches Steckerformat diese haben. Aus diesem Grund; sicher ist sicher. Oft sieht man an Bord auch Passagiere mit Ferngläsern herumlaufen. Sollten Sie sich jetzt denken: „Mensch, eine gute Idee!", dann legen Sie, wenn möglich ein kleines Modell bereit und nehmen es mit auf Reisen.

Die Bordkarte wird Ihr ständiger Begleiter auf dem Schiff. Sie ist der Schlüssel zu Ihrer Kabine, Ihr Zahlungsmittel und Ihr Ausweis. Daher sollten Sie die Bordkarte immer mit sich führen. Hierzu bieten die Reedereien in den Bordshops Lanyards an. Das sind diese „Hundehalsbänder" mit einem kleinen Karabinerhaken. Daran kann man entweder die Bordkarte direkt hängen (falls diese gelocht ist) oder am Haken befindet sich eine kleine Plastikhülle, in die man die Karte stecken kann. Ich selbst finde diese Lanyards sehr unschön und stecke deshalb meine Karte lieber in die Hosentasche oder ein kleines Portmonee. Sollten Sie aber die Lanyard-Variante bevorzugen, so können Sie gerne einen von zu Hause mitbringen, bevor Sie die meist nicht so qualitativ hochwertigen aus dem Bordshop kaufen. Noch eine Bitte: Ziehen Sie den Lanyard aus, wenn Sie an Land sind! Es soll nicht jeder wissen, dass Sie vom Kreuzfahrtschiff xy kommen. Dieses Kennzeichen macht Sie unter Umständen für jemanden, der es darauf anlegt zu einem leichten Opfer. Diese „Marke" um Ihren Hals: Ich komme von einem Kreuzfahrtschiff, das nur heute für ein paar Stunden in diesem Hafen liegt. Ich war mit großer Wahrscheinlichkeit noch nie hier, kenne mich also nicht aus. Und wenn ich hier etwas erleben/sehen/kaufen möchte, dann habe ich nur ganz wenig Zeit, um mich zu entscheiden. Ergo: Leichtes Opfer für eventuelle Touri-Nepper.

Manche Reedereien gehen auch schon einen Schritt weiter und bieten als Ergänzung zur Bordkarte kostenpflichtige Armbänder aus Kunststoff an, die auf dem Schiff nahezu die selben Funktionen erfüllen, wie die Bordkarte. Sie können damit zum Beispiel bezahlen oder Ihre Kabinentüre öffnen. Diese Armbänder ähneln im Design modernen Fitnessarmbändern.

Und zu guter Letzt: Auch während Ihrer Reise sollten Sie an Ihr Gepäck denken. Zumindest an das, welches Sie beim Landgang mitnehmen. Berücksichtigen Sie bitte, dass Sie jedes Mal bei der Rückkehr auf das Schiff Ihr Handgepäck sowie persönliche Gegenstände, die Sie am Körper tragen, röntgen lassen müssen. Falls ihnen der Aufwand, jedes Mal die Taschen auszuleeren, den Gürtel auszuziehen und alles in die Röntgenmaschine zu legen, nicht zu viel ist - kein Problem. Andernfalls: Weniger ist oft mehr.

Verbotene Gegenstände an Board

Es dürfte klar sein, dass man auch auf ein Kreuzfahrtschiff, ähnlich einem Flugzeug, bestimmte Gegenstände nicht mit an Bord bringen darf. Letztendlich ist der Grund dafür die Sicherheit von Passagieren und Crew. Ich verzichte an dieser Stelle, auf alle offensichtlich verbotenen Gegenstände einzugehen. Jedem dürfte klar sein, dass es nicht erlaubt ist zum Beispiel Waffen, o.Ä. mit an Bord zu bringen.

Es gibt allerdings einige Besonderheiten, die auf einem Schiff gelten, die Sie vielleicht verwundern könnten. Sollten Sie also vorgehabt haben, einen der unter den folgenden Punkten erwähnten Artikel mit an Bord zu nehmen, so würde ich ihnen empfehlen, diesen wieder auszupacken. Allerdings bitte ich Sie zu beachten, dass meine Angaben schon deshalb nicht vollständig sein können, da sich die Liste der verbotenen Gegenstände in letzter Konsequenz von Reederei zu Reederei unterscheidet. Daher ist es am besten, wenn Sie sich bereits vor dem Kofferpacken genau darüber informieren, was Ihre Reederei erlaubt beziehungsweise verbietet. Auf deren Webseite gibt es hierzu weitere Informationen.

• Gehen Sie davon aus, dass es nicht gestattet ist, Elektroartikel mit an Bord zu nehmen, mit denen eine erhöhte Brandgefahr verbunden ist. Hierzu zählen meist: Bügeleisen, Wasserkocher und bei manchen Reedereien auch Glätteisen oder ein Föhn, meist aber auch Mehrfachsteckdosen und Verlängerungskabel.

• Auch Kerzen für einen romantischen Abend auf der Kabine würde ich lieber zu Hause lassen.

- Lebensmittel sollten Sie nur mit an Bord bringen, wenn diese noch (original)verpackt und nicht verderblich sind beziehungsweise keine Kühlung brauchen. Das gilt im Übrigen auch für Mitbringsel von einem Landausflug.
- Drohnen dürfen bei manchen Reedereien mit an Bord, bei anderen wiederum nicht. Benutzen dürfen Sie diese generell nicht an Bord!
- Taschenmesser sind auf Reisen manchmal ein sinnvolles Utensil. Sie können ein solches grundsätzlich mit an Bord nehmen. Allerdings darf die Klingenlänge ein gewisses Maß nicht übersteigen.

Sollte ihnen dennoch etwas ins Gepäck gerutscht sein, das nicht mit an Bord darf, so ist es in der Regel so, dass ihnen der entsprechende Gegenstand beim Check-In von der Bord-Security abgenommen wird. Er wird dann an Bord während der Reise sicher verwahrt und beim Abstieg im Zielhafen bekommen Sie ihn wieder. Gehen Sie aber im schlimmsten Fall davon aus, dass Sie den Gegenstand nicht wieder sehen werden (zum Beispiel bei Lebensmitteln, die ihnen abgenommen werden und nach Einschätzung der Bord-Security nicht für die Dauer der Reise eingelagert werden können.)

Genau anders herum, als im Flugzeug

Ich empfehle ihnen, für die Kreuzfahrt Ihr Gepäck genau anders herum zu packen, als für eine Flugreise. Dort würden Sie so packen: Alle Gegenstände (zum Beispiel Kosmetik, Taschenmesser oder Elektrogeräte ohne Akku), die unter Umständen die Aufmerksamkeit bei einer Sicherheitskontrolle am Flughafen erregen könnten, packen Sie wenn möglich ins Aufgabegepäck. Alles unbedenkliche kommt ins Handgepäck.

Bei einer Schiffsreise packen Sie genau anders herum: Alles Unbedenkliche ins Aufgabegepäck, alles Bedenkliche ins Handgepäck. Wie bei einer Flugreise wird Ihr Gepäck auch bei einer Schiffsreise geröntgt. Sollte dem Sicherheitspersonal in Ihrem Aufgabegepäck etwas Auffälliges ins Auge fallen, so wird Ihr Koffer, bis geklärt ist, um was es sich genau handelt, auf die Seite genommen. Das Procedere ist je nach Reederei unterschiedlich. Es kann sein, dass Sie noch im Kreuzfahrtterminal ausgerufen beziehungsweise beim ersten Betreten des Schiffs noch einmal zurück gewinkt werden, um im Beisein eines Mitarbeiters des Sicherheitsdienstes den Koffer zu öffnen, um den entsprechenden Gegenstand präsentieren zu können. Oder aber, Ihr Koffer wird zwar an Bord gebracht, aber nicht weiter zur Kabine transportiert. In diesem Fall müssen Sie zu einer Sammelstelle an Bord gehen, dort den Koffer öffnen, und so weiter. Entweder wird der Gegenstand als unbedenklich eingestuft und Sie können ihn samt dem Koffer mitnehmen oder aber er wird, wie oben beschrieben, für die Dauer der Reise von der Schiffs-Security einbehalten und Sie bekommen nur Ihren Koffer ohne den Gegenstand.

Haben Sie die bedenklichen Gegenstände dagegen im Handgepäck, so werden diese beim Röntgen desselben auffallen, Sie packen diese aus, ein Mitarbeiter wird Sie überprüfen und entsprechend verfahren - fertig. Also viel einfacher und schneller.

Diese Vorgehensweise sollten Sie allerdings überdenken, falls Sie mit dem Flugzeug anreisen. Dann kollidieren die beiden Packvarianten nämlich. In diesem Fall müssen Sie für sich den besten Weg finden.

Eines sei noch gesagt: Es ist nicht so schlimm, wenn Sie einen an Bord verbotenen Gegenstand mit sich führen. Sie werden deshalb von niemandem getadelt werden.

Wie läuft das mit dem Gepäck?

Die Koffer sind gepackt. Es ist soweit, Sie reisen zu Ihrer ersten Kreuzfahrt an! Bis zum Kreuzfahrtterminal obliegt das Koffer-Handling ganz ihnen. Genauso wie bei einer Flugreise gilt: Es gibt Aufgabegepäck und Handgepäck. Was die Gewichts- und Größenvorgaben dieser beiden Gepäckarten angeht, so können Sie sich auf der Webseite der Reederei informieren beziehungsweise sollten diese Infos auch in den Reiseunterlagen, die Sie kurz vor der Reise im Onlineportal der Reederei finden oder per E-Mail erhalten, zu finden sein. In der Regel ähneln diese denen bei Flugreisen. Die Reedereien sind hier aber recht tolerant. Die einzige Zahl, die Sie sich merken sollten, wäre die 32. Ein Aufgabegepäckstück darf das Gewicht von 32kg nicht überschreiten. Der Grund hierfür liegt beim Arbeitsschutz. Die Mitarbeiter, welche die Koffer handeln, sollen nicht mehr als diese 32kg tragen und heben.

Zu den Reiseunterlagen gehören auch Kofferanhänger. Diese falten Sie entsprechend der Anleitung und bringen pro Aufgabegepäckstück einen Anhänger gemäß der Anleitung an den Koffer an. Bei einer längeren Anreise mit dem Flugzeug oder der Bahn empfehle ich ihnen dies erst kurz vor dem Terminal zu tun, ansonsten laufen Sie Gefahr, dass dieser Kofferanhänger nicht mehr brauchbar ist. Aber keine Angst, sollten Sie den Kofferanhänger, aus welchem Grund auch immer, nicht am Koffer haben, wenn Sie im Kreuzfahrtterminal ankommen: Es gibt dort die Möglichkeit, sich noch einmal Anhänger ausstellen zu lassen.

Am Terminal angekommen, werden Sie recht schnell Ihr Aufgabegepäck los werden. das heißt, irgendwo gibt es eine Stelle, an der Sie Ihre Koffer abgeben können. Was passiert mit diesen Koffern? Zunächst werden die Gepäckstücke geröntgt. Danach werden diese aufs Schiff und dort von der Crew bis vor Ihre Kabine gebracht. Sie können in der Regel davon ausgehen, dass Ihre aufgegebenen Koffer bis zum Auslaufen vor Ihrer Kabine stehen werden. Die stehen dann einfach dort, es wird in der Regel nicht an der Kabinentüre geklopft. Zumindest nicht im Massenmarkt. Sollten die Koffer bis kurz vor dem Auslaufen nicht vor Ihrer Kabine stehen: Dann sollten Sie an das Kapitel mit den verbotenen Gegenständen denken und sich auf die Suche nach der Sammelstelle der Gepäckstücke mit verdächtigen Gegenständen machen. Aber auch die Rezeption hilft ihnen bestimmt gerne weiter.

Ihr Handgepäck bleibt die ganze Zeit bei Ihnen. Es wird nach Ihrem Check-In geröntgt und Sie selbst nehmen es mit an Bord. Ein Hinweis: Je nachdem, wann Sie einchecken und ab wann Ihre Kabine verfügbar ist, vergehen unter Umständen einige Stunden, die Sie mit Ihrem Handgepäck auf dem Schiff herumlaufen müssen. Wie gesagt; Die Reedereien sind recht großzügig, was das Gepäck angeht, Sie könnten also ein relativ großes und richtig schweres Handgepäck mit an Bord nehmen. Im Zweifel müssten Sie dies aber stundenlang bei sich haben und mit sich herumschleppen. Zwar bieten die Reedereien auch die Möglichkeit an, das Handgepäck an einem bestimmten Ort auf dem Schiff abzustellen, dort verbleibt Ihr Handgepäck aber meist unbeaufsichtigt.

Die Anreise

Ich möchte an dieser Stelle gar nicht mehr so viele Worte über die Anreise verlieren. Auf einige wichtige Details bin ich bereits weiter vorne im Buch eingegangen.

Lassen Sie mich lediglich noch einmal hervorheben, dass Sie bei einer Eigenanreise zu 100% selbst dafür verantwortlich sind, rechtzeitig zum Check-In beim Schiff anzukommen. Sollte ihnen das nicht gelingen, so wird das Schiff ohne Sie fahren und Sie bleiben auf den vollen Kosten der Reise sitzen. Öfter als man denkt kommt es zum Beispiel zu Flugstreichungen durch die Airline oder Streiks bei der Bahn oder Ihrer Fluggesellschaft. Spielen Sie „Was wäre wenn...!?" und bereiten Sie sich auf solche Notfälle vor. Daher empfehle ich ihnen diese Option nur zu wählen, wenn Sie sich sicher sind, die Eigenanreise entsprechend planen zu können. Andernfalls lassen Sie es und buchen das An- und Abreisepaket der Reederei.

Sicherlich ist die Eigenanreise bei nahe gelegenen Häfen einfacher, als bei Häfen, die man nur per Flugzeug erreichen kann. So oder so würde ich ihnen empfehlen, die Anreise so zu planen, dass Sie bereits einen Tag vor der Abfahrt am Hafenort ankommen. Dort können Sie sich in ein Hotel einmieten und dann, nach einer Übernachtung und einem guten Frühstück, am nächsten Tag bequem auf das Schiff aufsteigen.

Bei exotischeren Häfen ist es mit der alleinigen Flugbuchung allerdings noch nicht getan. Wie kommen Sie vom Flughafen zum Hotel (falls gebucht) und dann zum Kreuzfahrtterminal? Darum müssen Sie sich auch im Vorfeld kümmern. Andernfalls riskieren Sie, sozusagen auf den letzten Metern, das Rennen zu verlieren oder Sie werden Opfer eines Touristen-Nepp, zum Beispiel einer viel zu hohen Taxirechnung, und Ihre Kreuzfahrt fängt bereits mit einem dicken Minus in der Urlaubskasse an.

Am Kreuzfahrtterminal

Was mit Ihrem Gepäck am Kreuzfahrtterminal passiert, wissen Sie bereits. Ich würde ihnen aber gerne noch einen kleinen Einblick geben, was Sie generell an einem Kreuzfahrtterminal erwartet.

Genauso wie bei Flughafenterminals gibt es auch bei Kreuzfahrtterminals große und kleine Anlagen. Das fängt bei etwas besseren Zelten an und geht bis zu großen Komplexen, die auf mehreren Stockwerken allen Komfort bieten. In der Regel finden die Aufstiege für Schiffe im Massenmarkt in den Häfen mit größeren Terminals statt. Das hat schlicht logistische Gründe. Schließlich muss der Hafen in der Lage sein, binnen weniger Stunden sowohl das Gepäck, aber auch die Sicherheitsüberprüfung von mehren Tausend Passagieren zu gewährleisten. Darüber hinaus werden in solchen Häfen die Schiffe meist mit neuem Proviant versorgt. Das bedeutet, dass die Ladung von teils mehreren Dutzend LKW auf das Schiff verbracht werden muss und anders herum alles, was nicht mehr auf dem Schiff benötigt wird, vom Schiff herunter muss. Doch davon bekommen Sie als Kreuzfahrtpassagier bestenfalls aus dem Augenwinkel etwas mit.

Am Terminal angekommen, wird es Ihnen ganz leicht gemacht. Meist wird pro Terminal nur ein Schiff abgefertigt. Insofern entfällt der ganze Stress, den man an einem Flughafen mit Flugnummer und Gate hat, komplett. Sie folgen einfach den Hinweisen, die überall im Terminal zu finden sind. Oder Sie folgen den Anweisungen des Personals, welches Sie im Zweifelsfall natürlich jederzeit auch fragen können. Stellen Sie sich aber bitte darauf ein, hin und wieder etwas warten zu müssen. Vorteile haben Sie an dieser Stelle, wenn Sie bei der Reederei einen offiziellen Vielfahrerstatus oder eine Kabinenkategorie haben, welche ihnen eine bevorzugte Behandlung beim Check-In bietet. Für diese Gäste gibt es in der Regel Schalter, an denen diese dann bevorzugt behandelt werden.

Ihr erster wichtiger Stopp wird beim Check-In sein. Dort brauchen Sie Ihre Reiseunterlagen, Ihren Reisepass und evtl. Ihre Kreditkarte. Der Check-In Vorgang dauert nicht lange. Stellen Sie sich darauf ein, dass der Mitarbeiter am Schalter von ihnen ein Foto machen wird. Dieses Foto wird der Schiffscrew immer angezeigt, wenn Sie mit Ihrer Bordkarte bezahlen beziehungsweise das Schiff betreten oder verlassen wollen. Dies dient zu Ihrer Sicherheit. Schließlich könnte sich sonst jeder als Sie ausgeben und auf Ihre Rechnung Dinge an Bord konsumieren oder das Schiff betreten beziehungsweise verlassen. Beim Check-In erhalten Sie auch gleich Ihre Bordkarte oder eine Stück Papier als vorübergehende Bordkarte. Damit können Sie das Schiff betreten. Ihre Bordkarte wird ihnen dann an Bord ausgehändigt oder Sie finden diese auf Ihrer Kabine. Das wird von Reederei zu Reederei unterschiedlich gehandhabt.

Doch zunächst müssen Sie nach dem Check-In noch durch den Sicherheitscheck. Dieser läuft genauso wie am Flughafen ab. Das war es dann aber auch schon, nun können Sie das Schiff entern - Sie steigen auf!

Eine wichtige Sache habe ich ihnen allerdings noch verschwiegen. Die meisten Reedereien teilen ihnen in den Reiseunterlagen mit, in welchem Zeitfenster Sie am Kreuzfahrtterminal erscheinen sollen. Da steht dann zum Beispiel 11-13 Uhr. Sollten Sie nicht in diesem Zeitfenster erscheinen, sei es früher oder später, so werden Sie nicht weggeschickt. Im schlimmsten Fall müssen Sie mit Ihrem Gepäck irgendwo im Terminal warten, bis Sie einchecken können. Oder aber, Sie können bereits einchecken, werden aber noch nicht aufs Schiff gelassen und müssen auch im Terminal warten. Das ist nicht so schlimm, denn wie bereits erwähnt, verfügen die größeren Terminals in der Regel über alle Annehmlichkeiten wie Wartebereiche, Toiletten, freies WLAN und oft sogar auch über eine Cafeteria oder Ähnliches. Wichtig ist nur, dass Sie im Terminal vor dem Ende der Check-In Zeit, die auch in den Reiseunterlagen angegeben ist, ankommen. Die ihnen zugeteilte Check-In Zeit dient lediglich der Entzerrung der Check-In Abläufe.

Grundsätzlich gehen die Reedereien beim Check-In unterschiedlich vor. Manche lassen die Gäste nach dem Check-In, egal zu welcher Zeit, bereits auf das Schiff. Dort können Sie dann auch schon alle geöffneten Bordeinrichtungen nutzen, aber noch nicht auf die Kabine. Die Kabinen werden dann zum Beispiel um 15 Uhr gesammelt freigegeben. Andere Reedereien lassen die Gäste erst auf das Schiff, wenn Ihre Kabinen fertig sind. Das erfolgt dann meist gruppenweise. Beides hat Vor- und Nachteile, was einem lieber ist, kommt in erster Linie auf den persönlichen Geschmack an.

Bitte beachten Sie, dass auf einem Schiff im Massenmarkt an einem Tag mit Passagierwechsel in der Regel nicht alle Bordeinrichtungen geöffnet sind beziehungsweise nur eingeschränkt zur Verfügung stehen. So findet unter Umständen keine Kinderbetreuung statt und die Restaurants haben kürzere Öffnungszeiten. Meist ist es im Massenmarkt so, dass immer in einem bestimmten Hafen eine Reise endet und dementsprechend eine neue beginnt. Das bedeutet, dass in diesem Hafen und an diesem Tag mehr oder weniger alle Passagiere einmal durchgewechselt werden.

Internet, WLAN, mobile Daten, und Co.

Schon sehr oft musste ich Gesprächen von Kreuzfahrern folgen, die untereinander über das Mysterium der modernen Telekommunikation auf einem Kreuzfahrtschiff fachsimpelten. Oft ging es dabei um absurd hohe Mobilfunkrechnungen nach Kreuzfahrten oder darum, welche Einstellungen man denn nun auf dem Mobiltelefon vornehmen sollte, um einerseits nicht in eine Kostenfalle zu tappen, aber andererseits so gut es geht während der Reise mit dem Handy kommunizieren zu können. Nicht wirklich einfacher wird der ganze Sachverhalt durch die Einführung der Handy-Apps durch die Reedereien, mit denen man mehr und mehr auf den Schiffen seinen Bordalltag organisieren kann.

Internet an Bord

Zunächst einmal: Ja, es gibt auf praktisch jedem Kreuzfahrtschiff die Möglichkeit, ins Internet zu gehen. Manche Reedereien bieten auf ihren Schiffen öffentliche Computer, mit denen man im Internet surfen kann. Dieses Angebot ist teils kostenfrei (zum Beispiel auf eine bestimmte Minutenanzahl oder Zeitdauer begrenzt) oder gegen Gebühr nutzbar. Darauf möchte ich im Folgenden allerdings nicht eingehen. Hier geht es um die Nutzung des Internets auf Ihren privaten Geräten.

Die Internetverbindung auf einem Kreuzfahrtschiff wird durch Satellitentechnik gewährleistet. Diese Technologie hat zwei große Nachteile: Zum Einen ist sie sehr teuer und zum Anderen ist die Verbindung, gemessen an den sonst üblichen Verbindungsgeschwindigkeiten zum Beispiel bei ihnen zu Hause, recht langsam. Allerdings hängt die Geschwindigkeit sehr stark vom jeweiligen Schiff und der darauf verbauten Technik, sowie dem Anbieter, der den Service anbietet, ab. Wir wissen nun also: Internet ist an Bord vorhanden, es ist teuer und unter Umständen recht langsam.

Erst vor Kurzem wurde damit begonnen, die neue Satelliten-Internet-Kommunikationstechnik „Starlink" des Unternehmens „Space X" auch auf Kreuzfahrtschiffen einzuführen und zu testen. Sollte sich diese Technik auch auf Kreuzfahrtschiffen durchsetzen, so ist mit einer enormen Reduktion der Preise und Erhöhung der Verbindungsgeschwindigkeit zu rechnen.

WLAN an Bord

Die Tatsache, dass ein Schiff mit Internet versorgt ist, bedeutet noch lange nicht, dass Sie als Passagier auch damit arbeiten können. Durch das WLAN an Bord eines Schiffes wird das Internet sozusagen zu ihnen beziehungsweise Ihrem Endgerät gebracht. Grundsätzlich kann sich jedes Gerät mit dem Bord-WLAN verbinden. Dadurch passiert noch nichts. Sie sind weder mit dem Internet verbunden, noch müssen Sie etwas dafür bezahlen.

KOSTENFREIE WLAN-ANWENDUNGEN

Für den Fall, dass eine Reederei auf deren Schiffen eine Handy-App für die Reisenden anbietet, können Sie auch davon ausgehen, dass die Nutzung des WLAN in Verbindung mit dieser App kostenfrei ist. Das bedeutet, wenn Sie die App vor der Reise (Achtung: Ein HERUNTERLADEN der App ist mit dem kostenfreien Bord-WLAN nicht möglich!) auf Ihr Handy geladen und sich mit dem Bord-WLAN verbunden haben, dann können Sie die App an Bord nutzen. Aber auch eben nur die.

FÜR DEN REST MÜSSEN SIE BEZAHLEN

Alles was darüber hinaus geht, muss von ihnen bezahlt werden. Grundsätzlich bieten die Reedereien verschiedene Pakete an, die es ihnen in unterschiedlichen Umfängen ermöglichen, über das Schiffs-WLAN ins Internet zu gehen.Es gibt zum Beispiel folgende Angebote, die allerdings je nach Reederei variieren können:

- Social Media Flat (zur Nutzung von zum Beispiel WhatsApp, Facebook, o.Ä.)

- Volumenpakete (zum Beispiel 500MB, 1GB, 3GB, 6GB, unlimited)

- Zeitpakete (zum Beispiel für 1, 2, 5 Stunden)

- Bezahlung pro Minute oder MB

Möchten Sie zum Beispiel also nur mit Ihren Lieben zu Hause über WhatsApp in Kontakt bleiben, dann genügt ihnen das entsprechende Paket. Sie können dann aber nicht mal eben schnell auf Google etwas recherchieren. Wenn Sie pro Minute oder MB bezahlen wollen, so wird sich diese Variante wohl nur anbieten, wenn Sie mal eben einmal kurz zum Beispiel eine wichtige E-Mail schreiben und versenden möchten. Sie können allerdings davon ausgehen, dass die einzelnen Tarife mit Fallstricken versehen sind. So wird gerne die Social Media Flat dahingehend limitiert, dass zum Beispiel die Telefonfunktion von zum Beispiel WhatsApp nicht genutzt werden kann. Oder das Volumenpaket „Tagesflat" ist auf 75MB limitiert.

Leider verlangen die Reedereien für die Nutzung des Internet an Bord recht hohe Raten. Die Tarife sind allerdings von Reederei zu Reederei recht unterschiedlich. Nicht nur die Preise, sondern auch deren Struktur. Meist können die Angebote tageweise gebucht werden. Entscheidet man sich hingegen für die Buchung über den gesamten Reisezeitraum, so werden die Angebote deutlich günstiger. Ein Beispiel: Kostet die Social Media Flat bei einer Reise innerhalb Europas (Ja, auch wo man sich mit dem Schiff befindet, macht einen Unterschied!), so kostet ein Tag 7 Euro. Bucht man die Social Media Flat für die ganze 14-tätige Reise, so werden pro Tag nur noch 3 Euro fällig.

Bitte informieren Sie sich im Vorfeld Ihrer Reise ganz genau über die Angebote und Buchungsmöglichkeiten der Reedereien. In der Regel kann man die Tarife bereits vor der Reise, manchmal sogar mit einem kleinen Rabatt, im Onlineportal buchen. Es ist aber auch möglich, jederzeit an Bord einen Tarif zu buchen.

Nun wissen Sie, wie es sich mit dem Internet und WLAN an Bord verhält. Doch das ist bei Weitem noch nicht der schwierigste Teil bei diesem Thema!

Mobile Daten an Bord

Kurz zur Begrifflichkeit: Mit Hilfe der mobilen Daten können Sie zum Beispiel mit Ihrem Handy überall, wo Sie sind und wo ein mobiles Datennetz zur Verfügung steht, das Internet nutzen (zum Beispiel 3G, 4G beziehungsweise LTE oder 5G).

Normalerweise denkt man über diese Möglichkeit, die dazu gehörigen Einstellungen und Funktionen nicht nach. Die Mobilien Daten sind einfach irgendwie da. Vor Ihrer Reise sollten Sie sich allerdings dringend damit vertraut machen! Grundsätzlich wählt sich Ihr mobiles Endgerät in das mobile Datennetz ein, dass an Ort und Stelle mit dem besten Signal zur Verfügung steht und von Ihrem Anbieter unterstützt wird. In Deutschland würde das bedeuten, das das Handy sich ins Netz von „Vodafone" einwählt, sollten Sie Vodafone-Kunde sein.

ROAMING

Sicherlich ist ihnen der Begriff „Roaming" bekannt. Dieses Wort beschreibt im Grunde nichts anderes, als dass sich Ihr Handy im Ausland in das Netz des Vertragspartners Ihres deutschen Mobilfunkanbieter einwählt und ihnen darüber alle gewohnten Möglichkeiten bietet. In der Regel merken Sie davon nicht. Bis auf eine andere Netzwerkkennung, in unserem Fall vielleicht „Vodafone ES", statt „Vodafone", wenn Sie sich zum Beispiel in Spanien befinden sollten und eine SMS, in der Sie über die nun geltenden Konditionen informiert werden. Aber wer ließt und versteht schon solche SMS-Nachrichten?

Innerhalb der EU ist dies seit einigen Jahren auch kein Problem. Der Mobilfunkmarkt ist harmonisiert. Das bedeutet, dass die Anbieter ihren Kunden innerhalb der EU keine so genannten Roaming-Gebühren berechnen dürfen. Sie bezahlen den selben Preis, wie im Heimatland.

VORSICHT BEI ROAMING AUßERHALB DER EU!

Außerhalb der EU ist das schon gravierend anders. Dort darf und wird ihnen Ihr Mobilfunkanbieter Gebühren für diesen Roaming-Service berechnen. Und diese Gebühren sind mitunter nicht ohne! Die Gebühren werden für alle Telefonate, egal ob ein- oder abgehend, alle SMS und MMS und eben auch für die verbrauchten mobilen Daten fällig.

Aber was bedeutet das nun für Sie konkret auf einem Kreuzfahrtschiff? Wie bereits erwähnt wählt sich Ihr Handy immer in das an Ort und Stelle beste zur Verfügung stehende Mobilfunknetz ein. Hierbei sind ihm Landesgrenzen egal.

WO SICH DAS SCHIFF BEFINDET, IST ENTSCHEIDEND

Nehmen wir einmal an, Ihre Kreuzfahrt findet im Orient statt. Sie reisen mit dem Flugzeug an. Bis zu dem Moment, an dem Sie das Handy im Flugzeug vor dem Abflug ausschalten, sind Sie im deutschen mobilen Netz eingewählt. Sie steigen in Dubai aus dem Flugzeug, schalten Ihr Handy ein und sind im Netz der Vereinigten Arabischen Emirate eingewählt. Nun gehen Sie auf das Schiff. Solang Sie im Hafen liegen, bleiben Sie weiterhin im Netz der VAE. Das Schiff legt ab, sobald das Netz der VAE nicht mehr stark genug ist, übernimmt das bordeigene Mobilfunknetz des Kreuzfahrtschiffs und Sie sind dort eingewählt.

JEDES SCHIFF BIETET EIN EIGENES MOBILFUNKNETZ

Vereinfacht gesagt könnte man sagen, dass jedes Schiff, ähnlich wie das Internet über Satellit ebenfalls ein eigenes Mobilfunknetz, das letztendlich auch über Satellit versorgt wird, verfügt. Da steht dann allerdings als Netzkennung nicht „Schiff XY", sondern die Kennung des jeweiligen Anbieters, der auf dem Schiff verwendet wird.

Doch noch einmal zurück zu dem Szenario aus dem vorherigen Absatz. Ab Ihrer Ankunft in Dubai ist Ihr Handy ständig in den Vertragspartner-Netzen Ihres deutschen Mobilfunkanbieter eingewählt. Und ebenfalls ständig außerhalb der EU. Das bedeutet, dass sich Ihr Mobilfunkanbieter dieses Roaming teuer bezahlen lässt.

Wie teuer? Das hängt zum Einen von Ihrem Mobilfunkanbieter und zum Anderen von dem Land ab, in dem Sie sich befinden. Die genauen Tarife und Preise erfahren Sie von Ihrem Mobilfunkanbieter.

Und ja: Jedes Kreuzfahrtschiff, egal welches, ist diesbezüglich auch Nicht-EU-Ausland. Sie zahlen dort also kräftig Roaming-Gebühren. Und dies gar nicht zu knapp, da die Roaming-Gebühren auf Schiffen mit zu den teuersten gehören, die es so gibt.

Noch einmal: Es ist ganz egal, welchen Mobilfunk-Tarif Sie haben. Sobald Sie in das schiffseigene Mobilfunknetz eingebucht sind (und das macht Ihr Handy automatisch) bezahlen Sie für darin genutzte Daten Roaming-Gebühren!

Telefonieren an Bord

Was ich oben bezüglich der mobilen Daten geschrieben habe, gilt ebenso für das Telefonieren an Bord. Egal ob eingehende oder ausgehende Gespräche. Sie bezahlen dafür Roaming-Gebühren!

TIM, einer der führenden Anbieter für maritime Mobilfunklösungen berechnet zum Beispiel die folgenden Gebühren an Bord:

Leistung	Preis
Eingehende und ausgehende Telefonate pro Minute	2 Euro plus 50 Cent Verbindungsgebühr pro Gespräch
SMS senden	60 Cent
SMS empfangen	kostenlos
mobile Daten	0,263 Cent pro KB

Preise in Euro - Stand: 2021 Bitte nur als Beispiel betrachten!

Wie man die Kostenfalle meidet

Eigentlich ist es ganz einfach, sich den Roaming-Ärger zu ersparen. Es braucht nur etwas technisches Verständnis über Ihr Gerät und ein wenig Disziplin.

Suchen Sie auf Ihrem Handy in den Einstellungen nach dem „Aus-Schalter" für das Roaming. Sollten Sie während Ihrer Reise keine Häfen in der EU anlaufen, so empfehle ich ihnen das Roaming immer abgeschaltet zu lassen. Sollten Sie Häfen in der EU anlaufen, so können Sie das Roaming immer im Hafen einschalten. Dann haben Sie für die Zeit, die Sie im Hafen liegen oder an Land sind, mobiles Internet und können auch zu den gleichen Konditionen wie zu Hause telefonieren. Aber nicht vergessen, es vor dem Ablegen wieder zu deaktivieren!

Nun sollte Ihr Handy auch bei Anrufen nicht klingeln. Das heißt, Sie sind für niemanden erreichbar und können selbst auch niemanden anrufen. Darüber müssen Sie sich im Klaren sein. Sollten Sie telefonisch erreichbar sein wollen oder müssen, so können Sie obige Punkte ignorieren, allerdings immer mit dem Wissen im Hinterkopf, dass Sie sowohl für ein- als auch ausgehende Gespräche die teuren Roaming-Gebüren bezahlen werden.

Unabhängig davon: Suchen Sie ebenfalls den „Aus-Schalter" für die mobilen Daten auf Ihrem Gerät. Diese würde ich ebenfalls nach obigem Vorgehensmuster bei Bedarf immer ein beziehungsweise ausschalten.

Das sollte genügen. Nun kann Ihr Handy sich nicht in „fremde" Netze einwählen und dort auch keine Daten verbrauchen, die ihnen teuer berechnet werden. Dennoch sollte Ihr Gerät in der Lage sein, eine Verbindung zum Bord-WLAN herzustellen, damit Sie die Schiffs-App nutzen können.

Darüber hinaus hat dieses Vorgehen den Vorteil, dass Sie den Akku Ihres Geräts schonen. Sie werden ohnehin feststellen, dass dieser auf dem Schiff viel schneller zur Neige gehen wird. Auch ohne Nutzung des Geräts. Das liegt einfach an der Stahlkonstruktion des Schiffs. Also keine Sorge - Ihr Gerät ist nicht defekt.

Wenn Sie die oben beschriebene Vorgehensweise beherzigen, dann sollten Sie von bösen Überraschungen verschont bleiben und trotzdem ganz nach Ihren Bedürfnissen erreichbar sein.

Die ersten Stunden auf dem Schiff

Endlich ist es geschafft! Nach vielleicht monatelanger Recherche, Vorbereitungen und Vorfreude steckt ihnen noch der erste Anblick des riesigen Schiffes in den Knien, dass Sie gerade eben betreten haben.

Das Prozedere, um aufs Schiff zu kommen werden Sie von nun an jedes Mal nach einem Landgang durchlaufen: Sicherheitskontrolle und das Röntgen Ihres Handgepäcks. Dann der Weg zum Schiff. Dort wird Ihre Bordkarte eingescannt und drin sind Sie. Anmerkung: Die Reihenfolge kann etwas variieren. Wenn der Hafen selbst zum Beispiel keine Sicherheitskontrolle anbietet, wird diese auf dem Schiff durchgeführt.

Orientierung auf dem Schiff

Kreuzfahrtschiffe sind eigentlich ganz simple aufgebaut. War man irgendwann auf mehreren Schiffen, so kommt irgendwann die Erkenntnis „Kennst du eines, kennst du (fast) alle". Das bezieht sich natürlich nur auf den grundsätzlichen Aufbau, sozusagen das Grundgerüst, wie Kreuzfahrtschiffe konstruiert sind. Wie dieses Skelett dann ausgebaut und letztendlich zu dem verwandelt wurde, was jedes Schiff ganz individuell macht, steht auf einem anderen Blatt.

Aber zurück zum Thema: Die Decks sind durchnummeriert. Von Deck1, ganz unten bis zu Deck 1x, ganz oben. Deck 13 beziehungsweise 17 gibt es oft nicht - Stichwort: Aberglauben. Ehrlich gesagt gibt es auf manchen Schiffen auch das Deck 0, manchmal sogar Decks wie -1 oder -2. Diese sind aber der Besatzung vorbehalten.

Sie sollten also immer wissen, auf welchem Deck Sie sich gerade befinden. Dann ist es ebenfalls sehr wichtig zu wissen, wo beim Schiff Vorne und Hinten ist. Das klingt recht einleuchtend und einfach. Ist es aber in der Realität nicht. Wenn Sie sich erst einmal im Inneren des Schiffs befinden, verlieren Sie schnell die Orientierung. Daher sollten Sie sich eine Taktik überlegen, wie Sie möglichst schnell herausfinden können, wo Vorne (Bug - Bow) oder Hinten (Heck - Aft) ist. Gleiches gilt für in Fahrtrichtung Rechts (Steuerbord - Starboard) oder in Fahrtrichtung Links (Backbord - Port Side).

Doch wie geht das? Das ist von Schiff zu Schiff unterschiedlich. Oft finden sich in den Treppenhäusern Hinweisschilder mit einer schematischen Zeichnung des Schiffes, dort können Sie diese Infos entnehmen. Wenn Sie auf einem der Passagierdecks sind, so befinden sich in der Regel alle geraden Kabinennummern auf einer Seite und alle ungeraden auf der anderen. Die niedrigen Nummern sind vorne, die hohen hinten. Wie Sie sehen: Alles hat ein System. Das müssen Sie nur herausfinden und schon fällt ihnen die Orientierung auf dem Schiff viel leichter. Und Gleiches gilt, um Ihre Kabine zu finden. Ein letzter Tipp: Manchmal sehen sich Orte im Schiff recht ähnlich. Details machen den Unterschied. Finden Sie diese als Orientierungsmarken. Vielleicht befindet sich neben der einen Türe, die der anderen zum Verwechseln ähnlich sieht eine Steckdose oder ein Telefon, bei der anderen hingegen nicht? Merken Sie sich dies, schon fällt ihnen die Orientierung leichter.

Die Kabine

Was sollen Sie nun zuerst an Bord tun? In meinem Szenario gehe ich davon aus, dass Ihre Kabine schon bezugsbereit ist. Meiner Meinung nach sollten Sie diese zuerst aufsuchen. Schließlich wird sie Ihr Zuhause und Rückzugsort für die nächsten Tage, vielleicht sogar Wochen sein. Und glauben Sie mir; trotz intensivster Studien der Deckpläne des Schiffs - Sie werden sich die ersten Male auf dem Weg zu Ihrer Kabine verlaufen!

Betrachten Sie Ihre Kabinennummer, so werden Sie feststellen, dass die erste(n) Zahl(en) das Deck wiedergeben. Der Rest stellt dann die jeweilige Kabinennummer auf dem Deck dar. Dort sind die Kabinen ebenfalls nach einem bestimmten System geordnet: Von Vorne (Bug) nach Hinten (Heck) werden die Kabinennummern größer. Und auf jeder Seite (Backbord oder Steuerbord) befinden sich entweder nur die geraden beziehungsweise auf der anderen Seite die ungeraden Kabinennummern.

Bevor Sie sich auf die Suche nach Ihrer Kabine machen noch ein letzter Tipp: Meist haben moderne Kreuzfahrtschiffe 2, manchmal 3 mit Liftanlagen versehene Treppenhäuser für Passagiere. Sie sollten sich einprägen, durch welches der Treppenhäuser Sie am Besten Ihre Kabine erreichen können. Das erspart ihnen Gewaltmärsche durch ellenlange Kabinenkorridore.

AUF DER KABINE ANGEKOMMEN

Der Schlüssel zu Ihrer Kabine ist Ihre Bordkarte. Hier gleich ein kleiner Tipp: Manche Schiffe verwenden ein System, bei dem es die Bordkarte nicht verträgt, in der Hosentasche in der Nähe eines Handys aufbewahrt zu werden. In diesem Fall löscht sich die Karte und Sie bekommen die Kabinentüre nicht mehr auf. Das ist an sich kein Beinbruch. An der Rezeption kann die Karte ganz einfach wieder programmiert werden. Wenn man allerdings weiß, dass die Karte dem Handy lieber fernbleiben sollte, dann erspart einem das diesen Gang.

Wie schon erwähnt, haben Sie bereits Ihre Bordkarte beim Check-In bekommen oder aber Sie finden sie bei manchen Reedereien im „Briefkasten" Ihrer Kabinentüre.

Und nun sind Sie drin - in Ihrem ganz persönlichen Reich auf diesem großen Schiff. Sehen Sie sich in Ruhe um. Wenn nicht schon geschehen, werden Sie sehr bald den Kabinensteward, der für Ihre Kabine zuständig ist, kennenlernen. Je nach Reederei wird sie oder er sich bei ihnen vorstellen und alle evtl. aufkommenden Fragen zur Kabine beantworten, vielleicht gibt es sogar eine kleine Kabinenführung. Manchmal arbeiten die Stewards auch in 2er-Teams. Auf jeden Fall werden Sie von ihnen während der ganzen Reise begleitet. Sie sind für die Reinigung der Kabine und Ihr Wohlbefinden zuständig. Gerne können Sie sich aber auch mit Fragen an Sie wenden. Sollten sie diese nicht selbst beantworten können, so wissen Sie zumindest auf jeden Fall, an wen Sie sich an Bord mit Ihrer Fragen wenden können.

SAFETY FIRST! RETTUNGSWESTEN, NOTFALLTAFEL, SAFETYVIDEO

Auf jeden Fall sollten Sie bei Ihrem ersten Rundgang durch die Kabine nach den Rettungswesten suchen. Meist sind diese in einem der Schränke untergebracht. Aber Achtung! Es gibt auch Schiffe, auf denen finden Sie auf den Kabinen keine Rettungswesten. Diese werden zentral in Depots an den jeweiligen Musterstationen aufbewahrt.

Ebenfalls einen Blick wert ist die Notfalltafel, die an der Innenseite Ihrer Kabinentüre angebracht ist. Dort finden Sie unter anderem Angaben zur Lage Ihrer Kabine, den optimalen Fluchtweg, Ihre Musterstation und wichtigen Zeichen und Signalen an Bord. Die Tafel ist fluoreszierend, Sie werden diese also auch bei Dunkelheit immer finden können.

Schalten Sie auch den Fernseher Ihrer Kabine ein, falls dieser nicht ohnehin schon läuft. Meist auf einem der ersten Kanäle ist das Safetyvideo zu finden. Dieses Video können Sie sich bei Bedarf die ganze Reise lang rund um die Uhr ansehen. Ich empfehle ihnen, gerade als Kreuzfahrtneuling das Video zumindest einmal anzusehen. Manche Reedereien bieten die darin enthaltenen Informationen auch in der Schiffs-App an.

Vielleicht finden Sie auf Ihrem Bett bereits das Tagesprogramm für den aktuellen Tag. Bei manchen Reedereien erhalten Sie dies beim Aufstieg ausgehändigt oder Sie sehen in der Schiffs-App nach. Darin informiert Sie die Crew über die Aktivitäten und Öffnungszeiten an diesem Tag. Wie bereits erwähnt sind diese am Anreisetag in der Regel anders als währen der Reise. Im Tagesprogramm finden Sie auch Informationen zu der Seenotrettungsübung. Sollten Sie zum Beispiel Restaurantreservierungen oder Ausflüge im Voraus gebucht haben, so kann es gut sein, dass Sie hierüber ebenfalls

bereits jetzt Informationen vorfinden. Falls nicht: Keine Bange! Auf Kreuzfahrtschiffen ist in der Regel alles sehr gut organisiert. Die entsprechenden
Infos oder Tickets werden Sie rechtzeitig erreichen.

Die Seenotrettungsübung

Ein verbreiteter Satz an Bord: Es gibt nur genau EINE Sache, die ALLE
Passagiere an Bord während Ihrer Reise tun MÜSSEN: Die Teilnahme an
der obligatorischen Seenotrettungsübung.

Genau so ist es! Die Seenotrettungsübung ist für alle Passagiere einer
Reise verbindlich. Egal wie oft Sie bereits auf einem Schiff waren, egal wie
oft Sie schon eine Kreuzfahrt gemacht haben, egal wie oft Sie mit dieser
Reederei auf Reisen waren, egal wie oft Sie auf genau diesem Schiff gefah-
ren sind, Sie müssen daran teilnehmen. Sollte auch nur ein Passagier diese
Pflichtveranstaltung nicht absolviert haben, so wird das Schiff nicht ablegen.
Oder aber diejenigen, welche nicht bei der regulären Seenotrettungsübung
erschienen sind, dürfen bei einem zeitnahen Extratermin mit einem der
Schiffsoffiziere bei einer ganz individuellen Seenotrettungsübung nachsitzen.
Was zunächst so lustig klingt sollte man lieber nicht als Reiseerinnerung
festhalten.

War bis vor Kurzem eine Seenotrettungsübung eine mitunter recht an-
strengende Angelegenheit, so ist sie heutzutage auf manchen Schiffen, dank
der modernen Technik, recht leicht zu bewerkstelligen. Nachfolgend schilde-
re ich ihnen die beiden „Extremformen" einer Seenotrettungsübung.

Eines bleibt aber immer gleich: Die Seenotrettungsübung und die darin
vermittelten Sachverhalte sind für die Sicherheit auf dem Schiff elementar.
Ihnen wird gezeigt, wie Sie sich als Passagier in einem Notfall verhalten
müssen. Es wird klar definiert, was für Sie als Passagier ein Notfall ist und
bei welchen Signalen und Durchsagen Sie getrost weghören können. Ihnen
wird gezeigt, wohin Sie sich auf welche Art und Weise zu begeben und wie
Sie sich zu verhalten haben. Es geht um viel, aber Sie müssen sich nicht viel
merken. Das letztendliche Procedere einer Seenotrettungsübung beziehungsweise dann auch das Vorgehen bei einem Notfall hängt natürlich stark
von den Gegebenheiten auf dem jeweiligen Schiff ab. Die Grundzüge sind
aber immer die gleichen. Jede Seenotrettungsübung beginnt mit einem lau-
ten Signal, das auf dem ganzen Schiff zu hören ist: Das „General Emergency Signal" besteht aus 7 kurzen und 1 langen Ton.

EINE SEENOTRETTUNGSÜBUNG NACH „ALTER SCHULE"

Das „General Emergency Signal" ertönt. Sie begeben sich ruhig und besonnen auf direktem Weg zu Ihrer Musterstation (engl. Master Station, bei manchen Reedereien auch Sammelstelle genannt). Hierbei ist es nicht gestattet die Fahrstühle zu benutzen. Sollten Sie in Ihrer Mobilität eingeschränkt sein und den Weg nicht alleine bewältigen können, so wenden Sie sich an ein Besatzungsmitglied. Es gibt spezielle Notfallteams, die ihnen in solch einem Fall helfen werden. Auf Ihrem ganzen Weg finden Sie Besatzungsmitglieder, die Sie leiten. Sollten Sie beim Ertönen des Signals auf Ihrer Kabine sein, so nehmen Sie Ihre Rettungsweste mit. Sollten Sie sich nicht auf Ihrer Kabine, sondern wo anders auf dem Schiff befinden, so gehen Sie ohne Rettungsweste zur Musterstation und nicht erst zu Ihrer Kabine, um die Weste dort zu holen. An der Musterstation erhalten Sie eine Rettungsweste. Gleiches gilt für Kinder, Kleinkinder und Säuglinge. Spezielle Rettungswesten gibt es an der Musterstation. Führen Sie unbedingt Ihre Bordkarte mit sich. Diese wird an der Musterstation eingelesen. Hierdurch wird Ihre Anwesenheit und Teilnahme belegt. Folgen Sie nun den Anweisungen der Besatzung und hören Sie den Ausführungen über die Lautsprecheranlage des Schiffs gut zu. Sollten alle Passagiere zügig an den Musterstationen erscheinen und auch sonst alles glatt gehen, so dürfte diese Übung nach maximal einer halben Stunde beendet sein. Clowns, Alleinunterhalter, Besserwisser und Nörgler sind bei einer Seenotrettungsübung generell nicht gerne gesehen! Nach der Übung können Sie sich wieder frei auf dem Schiff bewegen und das tun, wonach ihnen ist. Bringen Sie aber zuvor Ihre Rettungsweste wieder auf die Kabine!

Noch ein Hinweis: Im Sinne eines besseren Ablaufs rate ich ihnen, von Ihrer Kabine aus inklusive Ihrer Rettungsweste zur Übung zu starten. Über das Bordprogramm und Durchsagen wird bekannt gegeben, wann die Übung stattfindet. Sie haben also genug Zeit, sich in Ruhe darauf vorzubereiten.

EINE „MODERNE" SEENOTRETTUNGSÜBUNG

Sie werden das „General Emergency Signal" nicht wirklich hören. Sobald Sie sich auf dem Schiff befinden, können Sie sich im Bord-TV oder der Schiffs-App, das Sicherheitsvideo ansehen. Anschließend rufen Sie den entsprechenden Menüpunkt im Bord-TV oder in der Schiffs-App auf und arbeiten diesen durch. Sie bestätigen, dass Sie dies getan haben und wissen, wo sich Ihre Musterstation befindet. Das war es dann auch schon. Oft müssen Sie noch einmal bis zur Abfahrt persönlich bei Ihrer Musterstation erscheinen. Dort wird Ihre Bordkarte eingescannt, um zu belegen, dass Sie auch Ihre Musterstation gefunden haben.

Zwischen diesen beiden Extremvarianten gibt es viele Schattierungen, die irgendwo dazwischen liegen. Welche Variante besser ist, vermag ich nicht zu beurteilen. Es ist letztendlich eine Geschmacksache. Mir persönlich ist es nur wichtig, ihnen aufzuzeigen, dass die Teilnahme an der Seenotrettungsübung, in welcher Form auch immer, und das Verinnerlichen der darin vermittelten Inhalte für die Sicherheit an Bord extrem wichtig ist.

Zur Erinnerung: Auf Ihrer Kabinentüre sowie auf Ihrer Bordkarte ist angegeben, wie Ihre Musterstation heißt und wo sich diese befindet. Jedes Schiff verfügt über mehrere Musterstationen und jeder Passagier ist einer ganz bestimmten davon zugeordnet. Auf modernen großen Schiffen werden meist zum Beispiel das Theater, das Hauptrestaurant, diverse Bars o.ä. als Musterstationen genutzt. Auf kleineren oder älteren Schiffen können sich die Musterstationen auch auf den Außendecks in der Nähe der Rettungsboote befinden.

Keiner von uns möchte das „General Emergency Signal" jemals in einer echten Gefahrensituation hören. Sollte es aber dennoch jemals soweit kommen, so ist es von essentieller Wichtigkeit, dass sich die dann ohnehin am Limit agierende Crew auch nicht noch um tausende Passagiere kümmern muss, die nicht einmal von den wenigen Dingen, die man ihnen bei der Seenotrettungsübung beigebracht hat, eine blasse Ahnung haben. Seien Sie deshalb bitte während der Übung bei der Sache!

Denken Sie bitte auch daran, dass Sie bei der Seenotrettungsübung zwar nur mit Ihrer Rettungsweste an der Musterstation auftauchen müssen (wie oben beschrieben je nach Art der Seenotrettungsübung). Im wirklichen Notfall sollten Sie unbedingt darüber hinaus sicherstellen, dass Sie festes Schuhwerk, warme Kleidung und wichtige Medikamente mit sich führen.

HINTERGRUNDWISSEN ZUR SEENOTRETTUNGSÜBUNG

Der Sinn einer Seenotrettungsübung ist es nicht, alle Passagiere auf die Rettungsboote zu bringen. Vielmehr geht es darum, alle Passagiere so schnell und ruhig als möglich an klar definierten Positionen zu sammeln. Zum Einen, damit die Schiffsführung genau weiß, wo sich jeder Passagier befindet und zum Anderen, damit man die Passagiere an einem sicheren und leicht kontrollierbaren Ort weiß. Sollte es die Situation erforderlich machen, so wird von dort aus vom Kapitän der Befehl zum Verlassen des Schiffes gegeben.

Wann könnten diese Maßnahmen nötig sein? Stellen Sie sich vor, auf dem Schiff bricht ein größeres Feuer aus. Es wird bereits bekämpft, die Lage ist aber unübersichtlich, vielleicht befindet sich der Brandherd sogar in einem öffentlichen für die Passagiere zugänglichen Bereich. Um die Übersicht zu behalten, die Passagiere in Sicherheit zu bringen und um die Löscharbeiten nicht zu behindern, könnte es nützlich sein, die Passagiere an den Musterstationen zu sammeln.

Das erste Auslaufen

Auf Sie wartet einer, vielleicht sogar DER Gänsehautmoment einer jeden Kreuzfahrerkarriere: Ihr allererstes Auslaufen! Den Termin hierfür finden Sie ebenfalls im Bordprogramm oder in der Schiffs-App.

Um diesen Moment wirklich richtig genießen zu können, bedarf es einiger Vorbereitung und Organisation. Aus zwei Gründen: Erstens wollen auch noch ein paar tausend andere Gäste das Auslaufen erleben und zweitens sind Sie als Neuling im Nachteil, Sie kennen sich noch nicht aus, alles ist sicherlich total überwältigend und die Eindrücke prasseln nur so auf Sie nieder.

Der Plan: Nach dem Aufsteigen machen Sie sich auf die Suche nach Ihrer Kabine, wie gesagt gehe ich einfach einmal davon aus, dass diese schon bezugsbereit ist. Andernfalls kommt dieser Programmpunkt etwas später. Sie machen sich mit Ihrer Kabine vertraut und brechen von dort aus für einen ersten Rundgang über das Schiff auf. Ihr erstes Ziel sollte das Buffetrestaurant sein. Es ist immer gut, wenn man am ersten Tag weiß, wo das ist. Wenn noch genügend Zeit ist und das Buffet geöffnet ist, dann sollten Sie darüber nachdenken, vielleicht gleich einmal einen Happen zu essen. Nach dem Auslaufen werden auf diese Idee nämlich ungleich mehr Menschen kommen als jetzt. Danach erkunden Sie die Außenbereiche auf den oberen Decks nach einem guten Platz, von dem aus Sie das Auslaufen beobachten können.

ALTERNATIVPLAN: ANTIZYKLISCH

An dieser Stelle möchte ich einen kleinen Alternativvorschlag beziehungsweise Profi-Tipp einwerfen. So wie ich persönlich besuchen auch die meisten Gäste am ersten Abend vor oder nach dem Auslaufen gerne eines der Buffetrestaurants oder die inkludierten Restaurants, in denen keine Reservierung nötig oder möglich ist. Entsprechend voll werden diese sein. Dem hingegen sind die auch an diesem ersten Abend bereits geöffneten Spezialitätenrestaurants recht leer. Sie könnten hierfür also bereits im Vorfeld für diesen ersten Abend für die Zeit nach dem Auslaufen einen Tisch reservieren. Andererseits bedeutet dies wiederum, dass Sie sich festlegen und weniger flexibel sind. Die Entscheidung sollten Sie ganz nach Ihren Vorlieben fällen. Generell kann man aber sagen, dass im Laufe der Reise die Buffetrestaurants und die inkludierten Restaurants, die man auch ohne Reservierung besuchen kann, immer leerer werden und die Spezialitätenrestaurants werden immer voller. Doch nun zurück zum ersten Auslaufen:

Hierbei gibt es jetzt nicht DEN besten Platz. Je nach Geschmack bevorzugen manche eine Stelle am Bug, andere sehen sich das Spektakel lieber vom Heck aus an und wieder andere schwören auf eine Position auf der Seite. Suchen Sie sich einfach einen Platz, der ihnen optimal erscheint und den Sie später, zum Auslaufen, wieder finden werden. Nun können Sie sich die Zeit auf dem Schiff ganz nach Belieben vertreiben. Vielleicht steht aber auch noch die Seenotrettungsübung an.

Mit einem guten Zeitpuffer vor dem Termin fürs Auslaufen sollten Sie sich überlegen, ob Sie ein Getränk mit zu Ihrem Ausguck nehmen möchten. Besorgen Sie dieses großzügig vor dem Auslauftermin. Auch hier werden viele die selbe Idee haben. Ich empfehle ihnen, gut und gerne eine halbe Stunde, bevor das Schiff ausläuft wieder an Ihrer Position zurück zu sein. Das Schiff läuft in der Regel sehr pünktlich aus!

Nun kann es los gehen. Verfolgen Sie das Procedere. Vielleicht erkennen Sie von Ihrer Position aus, wie die Leinen eingeholt werden. Oder Sie erkennen, wie langsam mehr Rauch aus den Schornsteinen kommt. Manchmal kann man neben dem Schiff Schlepper beobachten, die das Ablegemanöver des Schiffes unterstützen werden. Es gibt so viel zu sehen. Sie müssen natürlich auch nicht an Ort und Stelle stehen bleiben. Wenn Sie woanders einen besseren Platz entdecken, nur zu, laufen Sie dorthin. Je nach Hafen dauert das Ablegemanöver manchmal recht lange, auch die anschließende Weiterfahrt raus aufs offene Meer kann unter Umständen sehr interessant sein. Es gibt Häfen, in denen man sich das Schauspiel einfach ansehen muss und andere, in denen es eher unspektakulär zugeht. Aber das allererste Auslaufen wird immer ein Schauspiel sein. Wenn sich der riesige Koloss fast wie durch Geisterhand in Bewegung setzt.

Manche Reedereien zelebrieren das Auslaufen mehr, andere weniger bis gar nicht. Vielleicht gibt es einen speziellen Musiktitel, der jedes Mal beim Auslaufen gespielt wird. Oder es gibt kurz nach dem Ablegen im Außenbereich eine kleine Feier anlässlich des Auslaufens, manchmal erfolgt eine Durchsage des Kapitäns oder des Kreuzfahrtdirektors. Viele Gäste warten auch auf das Ertönen des Typhon, des Schiffshorn. Ob das ertönt hängt im Übrigen von der Laune des Kapitäns, der generellen Einstellung der Reederei, den Vorgaben des Hafens und der Uhrzeit ab. Wie auch immer. Lassen Sie sich treiben und genießen Sie den Moment!

Angebote für Neulinge

Auf nahezu jedem Schiff gibt es für Neulinge einige interessante Veranstaltungen, deren Besuch ich ihnen ans Herz lege. Diese richten sich nicht ausschließlich an komplette Kreuzfahrt-Neulinge, sondern auch an Gäste, die zum ersten Mal auf dem jeweiligen Schiff mitfahren.

Manchmal finden am Anreisetag in regelmäßigen Abständen kompakte Schiffsführungen statt. Start ist immer an einem festgelegen Punkt. Wer Lust hat, kommt hinzu und folgt der Gruppe. Diese Führungen dienen dem allerersten und ganz grundlegenden Kennenlernen des Schiffs. Sie werden also nicht in alle Ecken und Enden geführt werden. Oft bleibt man eher auf den wichtigen öffentlichen Decks, wo man die ersten Basics mitbekommt, aber auch die ein oder andere Anekdote und Seemannsgarn erzählt wird.

Meist findet auch gleich am ersten Tag ein Vortrag für Kreuzfahrt-Neulinge statt. Hier erfahren Sie wichtige Details, die ich auch hier in diesem Buch behandle, nur eben konkret auf das Schiff zugeschnitten. Es geht zum Beispiel um Themen wie Bezahlung, was ist inklusive, woher bekomme ich tagesaktuelle Infos, wie funktioniert das mit dem Internet, und so weiter.

An einem der Seetage werden Sie vielleicht zu einem Vortrag über das Schiffsleben eingeladen. Hierbei erfahren Sie allerhand Interessantes über nautische Fragen, Schiffstechnik oder aber auch das Leben der Crew an Bord. Auf manchen Schiffen kommt bei dieser Gelegenheit auch der Kapitän hinzu, um Fragen der Gäste zu beantworten. Aber auch ohne ihn ist dieser Termin sehr interessant und meiner Meinung nach Pflicht.

Ein „Empfang" für Erst-Reisende wird auch gelegentlich angeboten. Hierbei können sich Kreuzfahrtneulinge kennenlernen und austauschen. Das Ganze geht in recht ungezwungener Atmosphäre vonstatten. Ob sich dieser Termin für Sie lohnt, müssen Sie entscheiden. Sicherlich aber eine gute Gelegenheit, um andere Reisende kennen zu lernen.

Welche Angebote auf Ihrem Schiff stattfinden und wann diese angeboten werden, entnehmen Sie dem jeweiligen Tagesprogramm. Wenn Sie auf Nummer sicher gehen wollen, so fragen Sie einfach an der Rezeption nach, wer ihnen Informationen darüber geben kann, welche Veranstaltungen während Ihrer Reise für Neulinge an Bord geplant sind.

Trinkgeld

Bestimmt haben Sie in der Zwischenzeit Ihren ersten Drink an Bord bestellt und genossen. Die Art und Weise der Bezahlung hierfür ist von Schiff zu Schiff unterschiedlich. Auf einem „alles inklusive"-Schiff müssen Sie in der Regel gar nichts tun, lediglich bei Extras, die auch dort etwas kosten, wird Ihre Bordkarte für die Bezahlung verlangt. Auf den meisten Schiffen geben Sie dem Kellner oder Barkeeper Ihre Bordkarte, dieser bucht diese Bestellung darauf und Sie erhalten Ihr Getränk.

Vielleicht fragen Sie sich deshalb: Wem soll ich ein Trinkgeld geben und wie mache ich das? Muss ich das überhaupt? Oder ist das gar nicht nötig?

Die Antwort hierauf ist auf einem Kreuzfahrtschiff nicht so einfach. Früher war es auf fast allen Kreuzfahrtschiffen so, dass jedem Gast pro Tag eine bestimmte Summe als Zwangstrinkgeld auf dessen Bordkonto belastet wurde. Dieser Betrag war auch gar nicht einmal so gering, 10-15 Euro waren keine Seltenheit. Gerade die Gäste aus deutschsprachigen Ländern waren darüber natürlich irritiert, konnten aber nichts dagegen tun. Die Gesetzeslage in der EU änderte sich und machte dieses Vorgehen nicht mehr möglich. Die Taktik der Reedereien änderte sich. Von nun an wurde zwar dieses Zwangstrinkgeld bei Gäste aus der EU weiterhin einbehalten, im Kleingedruckten wurde aber darauf hingewiesen, dass man dieses auf Wunsch von der Bordrechnung streichen könne. In der Zwischenzeit ist es in der Regel so, dass die Reedereien damit werben, dass das Trinkgeld für die Crew bereits im Reisepreis enthalten ist oder Sie schweigen sich ganz zu dem Thema aus. Es wird also nichts mehr automatisch vom Gast einbehalten.

Was es allerdings bei manchen Reedereien noch gibt ist das so genannte „Service-Entgelt", welches zum Beispiel bei 15% liegen kann. Für Sie ist es ganz besonders wichtig zu wissen, ob Ihre Reederei diese 15% bei Speisen und Getränken aufschlägt. Sollte Sie das nämlich tun, so werden diese 15% auf die überall angegebenen Preise, wie gesagt, aufgeschlagen, Sie sind also nicht in den angegebenen Preisen bereits enthalten. Das ist bei zum Beispiel Getränkepreisvergleichen im Vorfeld einer Reise enorm wichtig. Außerdem können Sie diese 15% nicht wie das Zwangstrinkgeld umgehen. Diese 15% Aufschlag müssen von ihnen mitbezahlt werden. Und ob dieses „Service-Entgelt" auch wirklich bei der Crew als eine Art Trinkgeld ankommt ist sehr fraglich.

Zur allgemeinen Verwirrung hier noch der Hinweis, dass manche Reedereien die Möglichkeit bieten, am Ende der Reise, sozusagen organisiert über das Schiff, Trinkgelder zu geben. Das funktioniert in der Regel so, dass man das Trinkgeld in einen zur Verfügung gestellten Umschlag stecken und diesen dann in einen vorbereiteten Kasten einwerfen kann. Hierbei bietet sich auch die Möglichkeit, das Trinkgeld an bestimmte Abteilungen oder namentlich einzelne Crewmitglieder zu adressieren. Diese namentlich adressierten Trinkgelder kommen in der Regel auch tatsächlich bei dem jeweiligen

Crewmitglied beziehungsweise der Abteilung an. Ähnlich verhält es sich mit der Lösung mancher Reedereien bei der Bestellung ein Trinkgeld, welches über Ihr Bordkonto abgerechnet wird, geben zu können. Hier wird das Trinkgeld dann meist unter den Crewmitgliedern dieses spezifischen Restaurants oder der Bar aufgeteilt. Was das nicht speziell für ein Crewmitglied oder ein Department in diesen Kasten geworfene Trinkgeld angeht, so wird dieses oft nicht direkt auf die gesamte Crew aufgeteilt, sondern dem „Crew-Wellfare-Fund" des Schiffes übergeben.

Nun haben Sie einige Hintergrundinformationen rund um das Thema Trinkgeld an Bord. Ob Sie nun und wem Sie nun auf welche Art und Weise an Bord Trinkgeld geben möchten, bleibt letztendlich ihnen überlassen. Wenn Sie sich ganz gezielt bei einzelnen Crewmitgliedern erkenntlich zeigen möchten, dann geben Sie ihnen das Trinkgeld persönlich. Ihrem Kabinensteward können Sie zum Beispiel am Ende der Reise einen Betrag auf dem Bett zurück lassen oder es ihm auch über die Reise verteilt persönlich geben. Ganz nach Ihren Vorlieben.

Wie auch an Land sollten Sie aber nicht vergessen, dass ein Schiff, genauso wie ein Hotel oder Restaurant, von viel mehr fleißigen Händen am Laufen gehalten wird, als Sie jemals zu Gesicht bekommen werden. Deshalb sollten Sie vielleicht ebenfalls an eine Lösung denken, bei der auch diese unsichtbaren Geister von Ihrer Dankbarkeit und Großzügigkeit profitieren können.

Schiffsalltag

Von Tag zu Tag werden Sie sich auf dem Schiff besser zurecht finden. Aber trösten Sie sich, wenn Sie auch nach Tagen immer noch in die falsche Richtung laufen. Ihnen werden am vorletzten Tag Ihrer Reise noch immer andere Gäste begegnen, die sich verlaufen haben. Sie werden die Routinen auf dem Schiff von Tag zu Tag mehr verinnerlichen und sich somit mehr und mehr auf die Reise einlassen und sich entspannen können. Nachfolgend meine Hilfestellungen und Gedanken zu Ihrer Zeit an Bord.

Die größten Gefahren an Bord

FEUER IST DIE GRÖßTE GEFAHR AN BORD

Diesen Satz haben Sie, wenn Sie aufmerksam waren, so oder so ähnlich während der Seenotrettungsübung gehört. Zunächst klingt diese Aussage für den Laien etwas paradox. Auf einem Schiff, mitten im Meer, von Wasser umgeben, soll Feuer die größte Gefahr sein? Feuer und Wasser, das geht irgendwie nicht zusammen. Tatsache ist allerdings, dass ein Brand an Bord eines Schiffes das absolut größte Risiko sowohl für die Menschen an Bord als auch für den Schiffskörper selbst darstellt. Seit Jahrtausenden werden von Menschen Boote und Schiffe gebaut. Seit dem 19. Jahrhundert werden Reisen auf Schiffen angeboten, die über die Jahrzehnte zu dem wurden, was wir heute als moderne Kreuzfahrt bezeichnen. Dem entsprechend haben sich auch die Schiffe immer weiter entwickelt. Wenn man ehrlich ist, darf man allerdings auch nicht verschweigen, dass viele der im Schiffsbau geltenden Sicherheitsvorschriften die Konsequenzen diverser teils tragischer Schiffsunglücke sind. So geht die so genannte SOLAS in ihrer ursprünglichen Fassung zum Beispiel auf den Untergang der Titanic zurück. Alle Schiffe, die je von Menschen erdacht, konstruiert und erbaut wurden, haben eines gemeinsam: Sie bewegen sich auf dem Wasser. Entsprechend gut und sicher kommen heutige Kreuzfahrtschiffe mit diesem Medium zurecht. Außerdem sind moderne Kreuzfahrtschiffe so konstruiert, dass zum Einen während des regulären Betriebs faktisch kein Wasser eindringen kann beziehungsweise, das bei Wassereintritt, zum Beispiel in Folge eines extrem starken Sturms und Wellengangs zahlreiche Sicherheitsmechanismen greifen, um den Wassereinbruch nicht zum Gefahr für das Schiff werden zu lassen.

All das gilt für das Element Feuer nicht. Ein einmal außer Kontrolle geratener Brand kann zum absolut ernsthaften Risiko für das Schiff werden. Aber auch wenn es nicht soweit kommen sollte, so kann ein Feuer an Bord durchaus zu ernsthaften und vielleicht sogar lebensbedrohlichen Konsequenzen für die Menschen an Bord führen. Abgesehen davon sind auch die Begleiterscheinungen eines Brandes nicht zu unterschätzen. Denken Sie nur an die damit einher gehende Rauchentwicklung. Manche Passagiere haben schon im Normalbetrieb Probleme, sich auf dem Schiff zurecht zu finden. Bei mangelnder Sicht durch beißenden Rauch wären wohl viel mehr Reisende in der selben Lage.

Es gilt also, alles dafür zu tun um Feuer an Bord zu vermeiden. Darüber hinaus trainiert die Crew regelmäßig und engmaschig Szenarien, bei denen ein Brandereignis zu Grunde gelegt wird. Wenn man so will: Es gibt sogar eine freiwillige Feuerwehr an Bord. Das sind eigens dafür ausgebildete Crewmitglieder. Aber auch die ganz normale Crew muss regelmäßig üben, wie man sich zum Beispiel in einem verrauchten Schiffsbereich zurecht findet.

An dieser Stelle wird auch die Frage beantwortet, weshalb Sie keine Bügeleisen, Mehrfachsteckdosen oder ähnliche Gegenstände mit an Bord bringen dürfen. Diese Geräte könnten unter Umständen durch einen technischen Defekt und falscher Nutzung sehr schnell ein Feuer auslösen. Aus dem selben Grund finden Sie auf Ihrer Kabine in der Regel auch keinen Wasserkocher. Falls doch, dann sind diese von einem Bordelektriker geprüft worden und erfüllen bestimmte Voraussetzungen. Dies ist auch der Grund für die ganz klar abgegrenzten Raucherbereiche an Bord.

VIREN UND KEIME

Man darf sich nichts vormachen. Der Alltag auf einem Kreuzfahrtschiff ist eigentlich eine andauernde Extremsituation. Tausende Menschen auf engstem Raum. Alle in Urlaubsstimmung, man denkt nicht ständig an Gefahren und Risiken. Aber Sie sind da. Ganz klein, geruchlos und lautlos versuchen Sie ihnen den Urlaub auf die übelste Art und Weise zu vermiesen. Ich spreche von Viren und Keimen, die in einer solchen Umgebung geradezu die optimale Brutstätte gefunden haben - wenn man nicht aufpasst.

Und weil die Reedereien genau wissen, wie schnell sich gerade das gefährliche Novovirus in einer für es fast idealen Umgebung wie einem Kreuzfahrtschiff vermehren kann, wird einiges unternommen, damit dies nicht passiert. Die meisten Maßnahmen bekommen Sie als Passagier meist gar nicht mit und wenn die Maßnahmen erst einmal für Sie spürbar werden, ist das Kind schon in den Brunnen gefallen.

Das Novovirus ist Auslöser für akute Magen-Darm-Erkrankungen. Symptome sind unter Anderem heftiges Erbrechen und Durchfall. Ich sage es mal so: Man wünscht sich, dass die Toilette nicht allzu weit vom Waschbecken entfernt ist, so dass man im Extremfall beides gleichzeitig benutzen kann. So heftig kann es einen plagen. Die Ansteckung erfolgt leicht über den Kontakt zu Erkrankten, durch verunreinigte Gegenstände oder Lebensmittel. Meist klingt die Novovirus-Infektion nach wenigen Tagen wieder von allein ab. Für kleine Kinder und ältere Menschen wird der hohe Flüssigkeitsverlust aber unter Umständen gefährlich. Bei der Therapie wird in erster Linie für den Ausgleich des Flüssigkeits- und Elektrolytverlusts gesorgt, sowie eventuell Mittel gegen Erbrechen verabreicht.

Sicherlich wird ihnen auffallen, dass auf dem Schiff an allen Ecken und Enden geputzt wird. Natürlich soll alles immer strahlen, darüber hinaus haben die Reinigungsmaßnahmen aber auch den Effekt, dass sich Viren und Keime erst gar nicht verbreiten können. Gerade, wenn Sie Crewmitglieder dabei beobachten, wie Treppengeländer, Türgriffe oder sogar Sonnenliegen regelmäßig gereinigt werden. Überall an Bord finden Sie auch Spender mit Desinfektionsmitteln. Diese sollten Sie großzügig in Anspruch nehmen. Auf dem Schiff gilt: Lieber einmal zu viel, als einmal zu wenig desinfiziert. Auch das Händewaschen ist ein wichtiger Teil der Hygienemaßnahmen. Bitte denken auch Sie daran, sich Ihre Hände immer nach dem Gang zur Toilette und vor dem Essen zu waschen. Wenn alle Passagiere diese Maßnahmen einhalten würden und auch die Crew beim Hantieren mit den Lebensmitteln alle Vorschriften einhält, dann sollten ihnen die Viren und Keime, vor allem aber das Novovirus nichts anhaben können.

Wenn es aber dennoch einmal zu einem erhöhten Krankheitsaufkommen an Bord kommen sollte, so gibt es diverse Protokolle, die sich nach der Anzahl der Erkrankten an Bord richtend, in Kraft treten. Diese Abläufe beginnen bei einer erhöhten Desinfektionsfrequenz aller viel berührten Flächen und können sogar soweit gehen, dass Sie sich im Buffetrestaurant das Essen nicht mehr selbst nehmen dürfen. Es wird ihnen dann von Crewmitgliedern auf den Teller getan.

Einen Urlaub unter solchen Bedingungen wollen Sie sicherlich nicht erleben. Aus diesem Grund: Etwas Hygiene und Vorsicht und das Novovirus geht nicht mit auf Reisen.

Tun Sie diese Dinge auf gar keinen Fall an Bord!

Wie bereits erwähnt, gibt es eine einzige Pflichtveranstaltung für die Passagiere an Bord eines Kreuzfahrtschiffs: Die Seenotrettungsübung. Die haben Sie bereits am ersten Tag hinter sich gebracht. Nun können Sie all das tun, was ihnen Spaß macht. Ihnen sind (fast) keine Grenzen gesetzt. Die Schiffsbesatzung wird alles tun, um Ihre Reise so angenehm und unvergesslich wie möglich zu gestalten. Oberstes Ziel ist Ihr Wohlbefinden und, dass Sie am Ende der Reise das Schiff verlassen und Ihren Freunden vom Aufenthalt an Bord nur so vorschwärmen und die Reederei wärmstens weiter empfehlen. Allerdings gibt es ein paar Dinge, die man auf einem Kreuzfahrtschiff selbst als Passagier auf keinen Fall tun sollte!

RAUCHEN, WO ES IHNEN GEFÄLLT

Sie wissen bereits, wie gefährlich auf einem Kreuzfahrtschiff ein Feuer an Bord werden kann. Ein potentieller Auslöser hierfür sind unachtsam verwendete Zigaretten. Grundsätzlich gilt auf dem gesamten Schiff ausnahmslos Rauchverbot. Aber natürlich gibt es über das ganze Schiff verteilt explizit ausgewiesene Raucherbereiche. Je nach Reederei oder Schiff können das zum Beispiel auch die Balkone der Balkonkabinen sein. Ein untrügliches Zeichen, ob auf den Balkonen geraucht werden darf: Finden Sie dort einen Aschenbecher vor, dann dürfen Sie auf dem Balkon rauchen. Ist dort keiner, dann nicht. Sollte es für Sie wichtig sein, ob man auf dem von ihnen gewählten Schiff auf dem Balkon Ihrer Kabine rauchen darf oder nicht, so würde ich dies im Vorfeld abklären. Eine Nachfrage bei der Reederei ist hier bestimmt der beste Weg.

Darüber hinaus gibt es über das ganze Schiff verteilt im Außenbereich der öffentlichen Decks ausgewiesene Raucherzonen. Auf manchen Schiffen gibt es auch im Innenbereich Zonen für Raucher, zum Beispiel in Form eines Rauchersalons, einer Cigarrenlounge oder innerhalb des Kasinos.

Rauchen Sie bitte nur in diesen explizit ausgewiesenen Bereichen! Man hat sich bei deren Auswahl etwas gedacht. Im Außenbereich liegen diese zum Beispiel an windgeschützten Plätzen und im Innenbereich sind, anders als sonst üblich, dort keine Rauchmelder angebracht. Folgen Sie auch den Anweisungen der Besatzung und Durchsagen. Wenn zum Beispiel im Hafen eine Durchsage erfolgt, dass das Schiff gerade auf der linken Seite (Backbord) betankt wird und deshalb dort nicht geraucht werden darf, dann tun Sie das bitte auch nicht. Und wenn ein Deck wegen zum Beispiel zu starkem Seegang oder Wind gesperrt ist, dann verzichten Sie eben so lange auf den Genuss einer Zigarette. Und Schlussendlich: Stellen Sie immer sicher, dass Sie Ihre Zigarette vollständig löschen und in die dafür vorgesehenen Gefäße werfen. Die Glutreste einer Zigarette können schnell zu einem Feuer führen. Zigarettenstummel werden auch nicht über Bord geworfen!

GEGENSTÄNDE ÜBER BORD WERFEN

Das Gleiche gilt im Übrigen auch für alle anderen Gegenstände. Egal wie groß, egal wie klein, bitte werfen Sie absolut nichts über Bord!

Im „Idealfall" landet dieser Gegenstand nur irgendwo auf dem Schiff und sorgt dort für unnützen Müll, der vom Housekeeping entfernt werden muss. Schlimmer wäre es dann schon, wenn Sie durch Ihren weggeworfenen Gegenstand eine andere Person an Bord verletzen. Der Wind und die Schiffskonstruktion können schnell dafür sorgen. Landet der Gegenstand schließlich im Meer, so trägt er unnötig zur Verschmutzung der Meere bei.

Einzige Ausnahme: Sollten Sie Zeuge davon sein, dass eine Person über Bord geht. Dann heißt es schnell handeln. Hierfür sind in regelmäßigen Abständen an der Reling Rettungsringe angebracht. Werfen Sie den nächst gelegenen in die Richtung der über Bord gegangen Person von Bord. Gerne können es auch mehrere Rettungsringe sein. Da müssen Sie nicht sparsam vorgehen. Und sollte gerade mal kein Rettungsring in der Nähe sein, so wird es ihnen im Nachgang keiner verübeln, wenn Sie statt dessen irgend etwas anderes schwimmbares (Liege, Stuhl) über Bord werfen. Wichtig: Versuchen Sie die Person im Auge zu behalten und informieren Sie umgehend ein Crewmitglied darüber, dass eine Person an Backbord/Steuerbord (diese Information ist wichtig) über Bord gegangen ist!

ALLERLEI DINGE INS KLO WERFEN

Das Toilettensystem an Bord eines Kreuzfahrtschiffs funktioniert grundlegend anders, als Ihre Toilette zu Hause. Bei dem Bordsystem handelt es sich um ein Vakuumsystem, ähnlich den Systemen, wie Sie auch in Zügen oder Flugzeugen verwendet werden. Leider sind diese Vakuumsysteme recht anfällig und fallen sehr leicht aus. Das heißt, sie würden wunderbar funktionieren, wenn sie nur das tun müssten, wofür sie konstruiert wurden: Menschliche Ausscheidungen und das an Bord verwendete Toilettenpapier entsorgen. Sonst nichts. Aber leider werden die Systeme oft mit anderen Materialien und Substanzen auf die Probe gestellt, die sie sehr schnell überfordern: Damenhygieneartikel, Taschentücher, feuchtes Toilettenpapier, Wattepads, und so weiter.

Um es ganz klar zu sagen: Es gibt genau zwei Dinge, die man auf einem Schiff in die Toilette befördert: Menschliche Ausscheidungen und das auf dem Schiff verwendete Toilettenpapier!

Alles, aber auch alles andere hat auf einem Schiff nichts in der Toilette zu suchen. Dazu zählen auch Dinge, die Sie bei sich zu Hause ins Klo werfen würden, zum Beispiel feuchtes Toilettenpapier. Oder Ihr Deluxe Toilettenpapier mit 5 Lagen. Ebenso Chemikalien sind tabu. Kein Klostein, WC-Duft oder sonst etwas darf ins Klo.Natürlich verwendet das Hauskeeping zur Reinigung Chemikalien, diese sind aber speziell für den Schiffseinsatz hergestellt.

Wenn Sie es übertreiben, wird Ihre Toilette verstopfen. Evtl. verschwindet zwar Ihr unsachgemäßer Einwurf, danach geht aber nichts mehr. Und mit großer Wahrscheinlichkeit nicht nur bei ihnen, sondern auch bei diversen anderen Kabinen, die mit Ihrer Toilette zusammen an einem Strang hängen. Da bleibt ihnen dann nichts mehr, als der Gang zu Ihrem Kabinensteward oder der Rezeption. Diese werden dann alles Weitere in die Wege leiten und Techniker werden das Problem beheben. Ich kann verstehen, dass man auf manchen Schiffen als Verursacher einer solchen Sauerei zur Kasse gebeten wird. Schließlich findet man auf jedem Schiff einen Hinweis in der Nähe der Toilette, was darüber entsorgt werden darf und was eben nicht.

Selbst habe ich es noch nicht ausprobiert, ich kenne auch niemanden, der es probiert hat, trotzdem würde ich aber gerne wissen, wie das Resultat aussieht: Es gibt manchmal ebenfalls Hinweise, dass man sich während des Spülvorgangs nicht auf die Toilette setzen soll. Wegen des Vakuums. Ich weiß es nicht, aber ich kann mir vorstellen, dass Sie dann unter Umständen eine Art Knutschfleck in Form einer Kloschüssel auf Ihrem Popo vorfinden werden. Verbunden mit den einher gehenden Schmerzen und Unannehmlichkeiten.

PFEIFEN

Zugegeben, jetzt begeben wir uns schon etwas in Richtung „Seemannsgarn". Aber ich wollte ihnen diese Anekdote nicht vorenthalten.

Fröhlich pfeifend ging ich bei meinem ersten Vertrag als Crewmitglied an Bord eines Kreuzfahrtschiffs den Highway entlang, als ich von einem anderen Crewmitglied mit ernster Mine und erhobenem Finger ermahnt wurde: „An Bord eines Schiffes darf man nicht Pfeifen, das bringt Unglück!" Mittlerweile kenne ich den Hintergrund für diesen Spruch. Der alte Seemannsgarn sagt: „Wer an Deck pfeift, beschwört den nächsten Sturm herauf!"

Darüber hinaus gibt es noch einige andere Ge- beziehungsweise Verbote aus dem Bereich des Aberglaubens und der Tradition an Bord eines Schiffes. Ich würde mich freuen, wenn Sie sich an die Anweisungen der Besatzung halten würden, dann sollte auch der aufkommende Sturm, falls Sie unerlaubter Weise gepfiffen haben sollten, dem Schiff und ihnen nichts anhaben können.

Aber nicht nur den Anweisungen der Crew sollten Sie Folge leisten, sondern auch alle weiteren Hinweise an Bord beachten. Dazu zählen auch Ge- und Verbote auf Türen. Oft werden Sie Türen mit der Aufschrift „Crew only" sehen. Diese Türen führen in den Crewbereich. Mir ist klar, dass es Sie brennend interessiert, wie es dort aussieht. Trotzdem ist dieser Bereich für Passagiere absolut tabu. Betreten Sie den Crewbereich zu Ihrer eigenen Sicherheit nicht. Dort wird gearbeitet und es geht um einiges rauer und teilweise gefährlicher zu, als im Passagierbereich.

Kreuzfahrtschiffe bieten immer mehr technische Raffinessen

Darüber, dass es heute auf einem Kreuzfahrtschiff ohne Schiffs-App praktisch gar nicht mehr geht und, dass im Vorfeld alles nur noch über E-Mail und das Onlineportal der Reederei geregelt wird, wissen Sie bereits bescheid. Aber damit macht der technische Fortschritt für Sie als Passagier eines Kreuzfahrtschiffs nicht Halt!

Vielleicht geht es demnächst der guten alten Bordkarte an den Kragen. Auf ersten Schiffen kann man als Alternative bereits „Medaillen" benutzen. Diese flachen, etwa 1 Euro großen und doppelt so dicken Scheiben kann man in ein schickes Armband klicken und es wie eine Uhr um das Handgelenk tragen oder wie gehabt mittels eines Lanyards um den Hals. All diese Accessoires gibt es, natürlich gegen Aufpreis, in den Bordshops. Mit dieser Medaille kann man dann an Bord auch geortet werden. D.h., die über die Schiffs-App bestellte Cola kommt dann an den Standort, an dem Sie sich gerade befinden. iPads, die in den Restaurants die Speisekarten ersetzen sind ebenfalls schon auf einigen Schiffen im Einsatz. Oft gibt es auch gar keine Speisekarten mehr. Hier scannt man einen QR-Code mit dem eigenen Handy ein, um die Karte lesen zu können.

Wurde früher der Check-In der Passagiere noch an richtigen Computern und Laptops durchgeführt, so steht ihnen heute ein Crewmitglied mit Mobiltelefon gegenüber und erledigt den Check-In darüber. Das obligatorische Passagierfoto wird mit der Handykamera gemacht und alle Daten gehen direkt per WLAN aufs Schiff.

Innenkabinen, in denen große Bildschirme die Kabinenfenster simulieren wurden auch schon erdacht und eingebaut. Und auf einen Diskoabend, ganz ohne laute Musik kann man sich ebenso freuen. Je nach Lust und Laune darf man an den vorher ausgeliehenen Bluetooth-Kopfhörern zwischen der Musik mehrerer Disk Jockeys wählen, die live auflegen.

Wir können sehr gespannt sein, welche Neuerungen die nächsten Jahre bringen werden. Die Entwicklung ist bei Weitem noch nicht am Ende!

Hilfe, das Schiff rostet!?

Auf Ihren Streifzügen über das Schiff fällt ihnen vielleicht auf, dass im Außenbereich an der ein oder anderen Stelle deutlich Rost zu sehen ist. Selbst an der Hülle relativ neuer Schiffe nagt der Rost. Ich kann Sie allerdings beruhigen, für Ihre Sicherheit besteht keine Gefahr. Es ist unglaublich, wie aggressiv das Meerwasser und die salzhaltige Luft auf See sind. Selbst trotz der guten Versiegelung der Schiffshülle durch viel Farbe, fängt der Zahn der Zeit bereits kurz nach der Indienststellung eines Kreuzfahrtschiffs daran zu nagen an.

Dem kämpft die Crew mit sehr viel Wasser und Farbe entgegen. Sie werden während Ihrer Reise allerorten Crewmitglieder beobachten können, die die Schiffshaut reinigen und schadhafte Stellen vom Rost befreien und streichen. Entsprechend sichtbar dicker wird, gerade auf alten Schiffen, die Farbschicht. Wie gesagt: Machen Sie sich also keine Sorgen und genießen Sie Ihren Aufenthalt an Bord. Schon im Interesse der Reederei wird das Schiff ständig gewartet und in Stand gehalten - für Ihre Sicherheit und Ihren Komfort.

Rauch, Ruß, Gestank und andere Kinderkrankheiten

Sehr treffend kann man moderne Kreuzfahrtschiffe als kleine Städte bezeichnen. Auf ihnen befindet sich auf engstem Raum weitestgehend all das, was man auch in einer Kleinstadt findet. Entsprechend komplex sind diese Schiffe. Einer mehrjährigen Bauzeit geht eine ebenso lange Planungsphase voraus. All das vor dem Hintergrund jahrelanger Erfahrung im Schiffsbau seitens der Werft und der Reederei. Trotzdem bleibt es nicht aus, dass diese kleine Stadt etwas Zeit braucht, um perfekt zu funktionieren. Sogar mit Passagieren und monatelang nach der Indienststellung werden auf einem neuen Schiff unzählige Kinderkrankheiten mitfahren. Viele davon können ganz einfach behoben werden, andere sind etwas schwieriger in den Griff zu bekommen und wieder andere können erst im Rahmen eines Werftaufenthalts behoben werden oder begleiten ein Schiff vielleicht sogar ein Leben lang. Vieles davon werden Sie als Passagier gar nicht mitbekommen. Einige wenige Wehwehchen werden aber auch Sie betreffen. Alles wird sich in erträglichen Grenzen halten. Sie wissen nun aber: Auch ein Schiff kann nie zu 100% perfekt sein.

RAUCH UND RUß

Leider sind die allermeisten Kreuzfahrtschiffe noch rechte Dreckschleudern. Schweröl wird als Treibstoff für die Maschinen verwendet. Zwar hat auch in diesem Bereich die Technik sehr viele Fortschritte gemacht. Sowohl was die Effizienz der Maschinen selbst angeht, aber auch an den Abgasanlagen der Schiffe wurden sehr viele Modifikationen hin zu weniger umweltschädlichen Abgasen gemacht. So genannte Scrubber tragen hier wesentlich zu weniger Emissionen bei. Aber auch die deutliche Weiterentwicklung zu ganz anderen Treibstoffen schreitet voran.

So befahren seit wenigen Jahren die ersten mit LNG (Flüssiggas) betriebenen Schiffe die Weltmeere. Aber auch „grünes Methan" ist in der Branche in aller Munde. Bereits jetzt werden Schiffe gebaut, die neben Schweröl mit Methan angetrieben werden könnten. Gelingt es, das Methan in ausreichenden Mengen CO_2-Neutral herzustellen, dann hätte die Kreuzfahrtindustrie einen sehr großen Schritt hin zur CO_2-Neutralität gemacht.

Egal mit welchem Treibstoff ein Schiff angetrieben wird, letztendlich kommen heutzutage immer noch Abgase, Rauch und Ruß aus dem Schornstein. An sich ist dies für Sie als Gast auch kein Problem. Die Schiffe sind so konstruiert, dass Sie in den Außenbereichen nicht in Rauchwolken oder Gestank stehen müssen. Zumindest sollte dies so sein. Leider musste ich bereits einige Male mitbekommen, dass gerade auf neu in Dienst gestellten Schiffen, manche Außenbereiche am Heck stark von Rauch und Ruß betroffen waren. Das ging soweit, dass der „herabregnende" Ruß auf der Kleidung der Gäste landete und dort häßliche Flecken hinterließ.

Die Abgasanlagen moderner Schiffe sind so komplex, dass es mitunter recht lange dauern kann, bis diese so eingestellt sind, dass sie einwandfrei und effektiv funktionieren. Eine Nebenwirkung der damit einhergehenden notwendigen Justierungen können die beschriebenen Rauch- und Rußentwicklungen sein.

Ich möchte an dieser Stelle ausdrücklich hervorheben, dass es sich hierbei um absolute Ausnahmefälle handelt. Sie sollten deswegen also nicht allzu sehr beunruhigt sein. Die Schiffsbesatzung zeigt sich bei evtl. Schäden auch sehr kulant. Sollten Sie also betroffen sein, so empfehle ich ihnen, sich an die Besatzung zu wenden. Meist wird Ihre Kleidung dann für Sie kostenlos gereinigt.

GESTANK

Wundern Sie sich nicht, wenn es an der ein oder anderen Stelle auf Ihrem Weg über das Schiff etwas übel riecht. Hinter den schön verkleideten Wänden und Decken auf dem Schiff verlaufen abertausende Meter Wasser- und Abwasserleitungen. Durch dieses Labyrinth laufen am Tag unzählige Kubikmeter Wasser und Abwasser. All das auf engstem Raum. Da kann es schon einmal vorkommen, dass etwas nicht ganz so geplant und verlegt ist, wie es hätte sein sollen. Und erst beim Betrieb des Schiffs stellt sich letzt-endlich heraus, dass irgendwas recht streng duftet. Da hilft nur: Nase zu und durch. Bestimmt wird schon an einer Lösung gearbeitet.

ANDERE KINDERKRANKHEITEN

Sehr zur Belustigung der Passagiere trägt die, wie ich es gerne nenne, „Lift-Choreografie" bei. Diese Belustigung kann allerdings sehr schnell in Wut und Ärger umschlagen, wenn man ewig auf den Fahrstuhl warten muss. Zumal man auf einem Schiff des öfteren eine Distanz über mehrere Decks zurücklegen muss, die man nicht eben mal schnall laufen kann oder will. Sicherlich ist es recht aufwendig, die Liftanlage eines Schiffes so zu pro-grammieren, dass sie perfekt in den Schiffsalltag passt. Und da steckt auch die Ursache des Problems: Bei der Planung weiß keiner, ob sich die Passa-giere dann auch wirklich so verhalten, wie vorausgeplant. Dies kann dazu führen, dass die Fahrstühle in Treppenhaus „A" weniger ausgelastet sind als geplant, dafür die in „B" aber mehr. Entsprechende Justierungen sind nötig. Bis diese durchgeführt werden können, heißt es für Sie als Passagier: Ge-duld - ein Lift wird kommen!

Bordsprache

Auf jedem Kreuzfahrtschiff gibt es eine oder mehrere Bordsprachen. Auf Schiffen für den deutschen Markt ist dies Deutsch. Bei Reedereien, deren Gästemix sehr international ist, kann es vorkommen, dass es mehrere Bord-sprachen gibt. Zum Beispiel Italienisch und Französisch. Und auf Schiffen, die den US-Markt bedienen ist die Bordsprache Englisch.

Doch was bedeutet das konkret für Sie als Gast? Zunächst einmal kön-nen Sie davon ausgehen, dass die Kommunikation mit den Gästen in der jeweilige Bordsprache erfolgt. Speisekarten, Tagesprogramm, Durchsagen, Hinweisschilder, und so weiter, werden in dieser Sprache verfasst sein. Das bedeutet aber nicht, dass nicht auch andere Sprachen an Bord verwendet werden. Ich durfte schon erleben, dass auf einem Schiff Durchsagen teilwei-se in bis zu einem halben Dutzend Sprachen gemacht wurden. Dies richtet sich in erster Linie nach der Anzahl der Gäste, welche die jeweiligen Spra-chen sprechen. Wegen einem deutschen Gast wird es wohl keine Durchsa-gen auf Deutsch geben, sind allerdings ein Drittel der Gäste deutschspra-chig, dann wohl schon. Wie gesagt: Das gilt für international ausgerichtete Schiffe, nicht zum Beispiel für Schiffe auf dem US-Markt.

Es bedeutet aber auch nicht, dass jedes Crewmitglied perfekt die Bord-sprache beherrscht. Die Reedereien investieren viel Zeit und Geld, um die Crewmitglieder mit Gästekontakt in der Bordsprache zu unterrichten. Hierfür fahren teilweise sogar Sprachlehrer auf dem Schiff mit. Trotzdem müssen Sie davon ausgehen, dass Sie zum Beispiel auf einem deutschen Schiff nicht mit jedem Crewmitglied eine Konversation in perfektem Deutsch führen können.

Gerade auf einem deutschen Schiff müssen Sie meiner Meinung nach nicht unbedingt Englisch können, es wird immer genug Crewmitglieder ge-ben, die über ausreichend Deutschkenntnisse verfügen, um sich mit ihnen verständigen zu können. Auf international ausgerichteten oder US-Schiffen werden Sie ohne Englisch allerdings extrem schlecht zurecht kommen, da hier, wie bereits erwähnt, unter Umständen auch keine Informationen, Durchsagen, Speisekarten, und so weiter in deutscher Sprache angeboten werden.

Vielfahrer - eine ganz spezielle Spezies

Früher oder später werden Sie eine Spezies an Bord antreffen, die sich auf jedem Kreuzfahrtschiff findet: Den Vielfahrer.

Es gibt keine genaue Definition, ab wann man sich als Vielfahrer be-zeichnen darf. Es gibt allerdings recht genaue Verhaltensweisen, welche die meisten Vielfahrer an den Tag legen. Grundsätzlich gibt es zwei Arten von Vielfahrern: Den komplexen und den simplen Vielfahrer.

Eine Sache möchte ich ihnen, sozusagen in Vorbereitung auf Ihr erstes Zusammentreffen mit einem Vielfahrer, mit auf den Weg geben: Lassen Sie sich von den ganzen VielfahrerGeschichten nicht einschüchtern! Und den-ken Sie daran, dass Sie sich auf einem Kreuzfahrtschiff befinden. Dort wird auch gerne einmal Seemannsgarn gesponnen.

Vielleicht erinnern Sie sich noch an diese Werbung: Zwei Männer treffen sich nach langer Zeit wieder und es geht los. Mein Auto, mein Boot, mein Pferd, meine Pferdepflegerin. Oder so ähnlich. Und genauso läuft es ab, wenn sich Vielfahrer treffen und unterhalten.

DER KOMPLEXE VIELFAHRER

Dieser bindet sich an keine Reederei oder Schiff. Wenn Sie ihn an Bord treffen, werden Sie von Reisen auf ganz unterschiedlichen Schiffen zu hören bekommen. Er kennt die Pro und Contras der verschiedenen Reedereien und Schiffen und kann ihnen sicherlich die ein oder andere Empfehlung geben. Natürlich wählt auch er seine Reisen gemäß dem persönlichen Geschmack aus. Daher müssen Sie auch hier aufpassen: Was ihm gefällt muss nicht ihnen gefallen. Wovon er schwärmt kann für Sie schrecklich sein.

DER SIMPLE VIELFAHRER

Anders als der komplexe Vielfahrer hat sich der simple Vielfahrer an eine Reederei gebunden und reist nur mit ihr. Tritt er in seiner reinsten Form auf, lehnt er jedes Angebot, auf Schiffen anderer Reedereien zu fahren strickt ab. Er war noch nie auf dem Schiff einer anderen Reederei, weiß aber genau, dass es dort definitiv nicht so toll sein kein, wie bei seinem Anbieter. Auf dem deutschsprachigen Kreuzfahrtmarkt gibt es hart gesottene Lager, die ihren Gegner ausgemacht haben und kein gutes Haar an ihm lassen. Diese Lagerbildung gibt es zwischen simplen Vielfahrern der Reedereien AIDA vs. Mein Schiff und Costa vs. MSC.

Der simple Vielfahrer neigt auch dazu, „sein" Produkt zu verklären. Alles, was auf den Schiffen seiner Reederei passiert ist super toll. Alles ist optimal gelöst, das Angebot ist top und nur auf den Schiffen „seiner" Reederei ist Erholung garantiert.

Nehmen Sie an, Sie würden seitdem Sie einen Führerschein haben, nur die Fahrzeuge einer Marke fahren. Alleine schon die Mitfahrt im Auto eines anderen Herstellers widerstrebt ihnen. Oder Sie übernachten nur in den Hotels einer ganz bestimmten Kette. So in etwa verhält es sich mit dem simplen Vielfahrer.

Generell werden Sie auf einem Kreuzfahrtschiff überproportional viele weit gereiste Zeitgenossen antreffen. Manchmal könnte man vor Ehrfurcht nur so erstarren.

Versorgungslage

Die Überschrift klingt dramatisch, oder? Aber keine Angst! Zur Erklärung folgende Hintergrundinformationen:

Sie können sich sicherlich vorstellen, dass es eine kleine logistische Meisterleistung darstellt, ein riesiges modernes Kreuzfahrtschiff mit all dem, was darauf benötigt wird, zu versorgen. Da in der Regel alles, was Sie auf dem Schiff verkonsumieren, aus dem Ursprungsland der Reederei angeliefert wird, ist die Planung entsprechend aufwendig. Je nach Fahrtgebiet können deshalb bis zu drei Monate zwischen der Bestellung durch das Schiff und die Lieferung vergehen. Alles wird mit Containern aus dem Lager der Reederei beziehungsweise von den Vertragspartnern in Häfen auf dem Weg des Schiffes geliefert und dort dann auf das Schiff gebracht. Dies gilt wie gesagt für fast alles, außer Obst und Gemüse, welches in der Regel auf dem Weg lokal hinzugekauft wird.

Ich hoffe, dass Sie nun mit diesem Hintergrundwissen etwas Verständnis haben, wenn es auf dem Schiff einmal die ein oder andere Zutat für Ihren Lieblingscocktail nicht mehr geben sollte oder auf dem Buffet plötzlich die Bananen verschwunden sind. Wie bereits erwähnt, wurden die Dinge, die Sie gerade auf dem Schiff vor sich haben, unter Umständen vor mehreren Monaten bestellt. Keiner wusste zu dem Zeitraum die genaue Konstellation während Ihrer Reise an Bord. Treffen zum Beispiel ungleich mehr Gin-Fans als geplant aufeinander, so könnte schon einmal die ein oder andere Sorte ausgehen. Ein romantischer, wenn auch nicht realisierbarer Gedanke, den Kapitän auf dem Weg zur nächsten Tanke in Hafennähe gehen zu sehen, um dort ein paar Flaschen des fehlenden Gin zu kaufen, kommt mir hier in den Sinn.

Ich bin mir sicher, dass Sie sich dadurch nicht Ihre Kreuzfahrt verderben lassen werden!

Ein Seetag

Im Prinzip kann man das Leben an Bord in zwei Tagesabläufe einteilen: Seetage und Hafentage. Ein Seetag unterscheidet sich grundlegend von einem Hafentag. Das liegt in der Natur der Sache. Mit ein wenig Hintergrundwissen, können Sie aus beiden das beste heraus holen. Im Folgenden stelle ich ihnen die beliebtesten Aktivitäten an Seetagen vor. Diese finden Sie auf nahezu allen Schiffen, es handelt sich sozusagen um Kreuzfahrtklassiker. Sie werden feststellen, dass sich das Tagesprogramm eines Seetags von dem eines Hafentags unterscheidet. Die Crew versucht alles, um ihnen die vermeidlich langweiligen Seetage mit einem interessanten und abwechslungsreichen Angebot zu versüßen. An Hafentagen wird ein etwas vereinfachtes Programm angeboten. Schließlich sind die meisten Gäste an Land unterwegs.

Bingo

Einer der absoluten Kreuzfahrtklassiker, wenn es um das Thema Unterhaltung geht. Auf praktisch jedem Schiff wird in der ein oder anderen Form Bingo gespielt. Für Gäste aus deutschsprachigen Ländern bedarf es vielleicht zunächst einer kurzen grob vereinfachten Erklärung: Beim Bingo geht es darum, als erster alle aufgerufenen Zahlen auf dem Spielschein abstreichen zu können. Bingo ist aber so simple zu spielen, dass man es praktisch sofort versteht und sogar bei Sprachbarrieren spielen kann. Die gezogenen Zahlen werden nicht nur angesagt, sondern auch gezeigt und das einzige Wort, das man beherrschen muss heißt „Bingo" - der Ausruf des Spielers, der als erster seinen Spielschein komplett hat.

Je nach Schiff wird mindestens einmal pro Reise, vorzugsweise an einem Seetag, Bingo gespielt. Manchmal darf man sich sogar auf ein tägliches Spiel freuen. Es gibt Reedereien, bei denen ist das Bingo für die Spieler kostenlos, als Gewinn gibt es dann allerdings meist nur die Ehre, das Spiel gewonnen zu haben. Manchmal kosten die Spielscheine ein paar Euro, dafür spielt man dann aber auch um einen Jackpot, der teilweise im vierstelligen Eurobereich liegen kann. Es gibt aber auch Musik- und Videobingo, dort müssen Lied- oder Filmschnipsel erkannt werden.

Ich kann jedem die Teilnahme an einer unterhaltsamen Bingo-Runde empfehlen. Und wenn Sie keine Lust zum Mitspielen haben, dann gehen Sie einfach nur als Zuschauer hin, auch das ist möglich.

Tanzstunde

Ebenfalls auf fast allen Schiffen angeboten und durchaus beliebt sind die Tanzstunden. Des einen Freud, des anderen Leid. Freut sich die Frau darüber, dass ihr Gatte endlich einmal nicht auskommen kann, wenn es um das Erlernen von Diskofox, Walzer, Rumba und Co. geht, leidet ihr Ehemann bei dem Gedanken daran.

Ich kann allerdings Entwarnung geben. Während der Stunden geht es recht locker zu. Ziel ist es, in erster Linie den Gästen einen netten und unterhaltsamen Zeitvertreib zu bieten und nicht, aus ihnen den perfekten Turniertänzer zu machen. Dem entsprechend reichen die Angebote von spaßigen Lateinklassen, in denen Sie etwas exotischere Tänze wie Salsa, Merenge oder Rumba lernen bis hin zu ganzen Kursen, die von der ersten Anfängerstunde bis hin zu einer Art Abschlussball aufbauen. Was auf Ihrem Schiff geboten wird, entnehmen Sie dem Tagesprogramm.

Shuffleboard

Ein weiterer Klassiker, der auf eigentlich allen Kreuzfahrtschiffen zu finden ist: Shuffleboard. Irgendwo, meist auf dem Boden eines der Außendecks, ist ein Shuffleboard-Feld aufgemalt.

Spielfeld für Shuffleboard auf einem der Außendecks eines Kreuzfahrtschiffs.

Zwei Spieler treten gegeneinander an und müssen versuchen, mit ihren Cues, einer Art „Schieber" runde Scheiben (Disks) auf einen möglichst hohen Punktwert auf dem gegenüberliegenden Spielfeld zu schieben und dabei die Disks des Gegners vom Feld zu befördern. Die Punkte werden schließlich aufaddiert. Der Spieler mit dem höheren Punktwert hat gewonnen. Auf Kreuzfahrtschiffen wird Shuffleboard auch gerne in Gruppen gespielt.

Tastings, Kurse und Co.

In den zahlreichen Restaurants und Bars zaubern die Köche und Barkeeper für Sie aus zahlreichen Zutaten unzählige Köstlichkeiten. Unweigerlich fragt man sich: Wie machen die das? Was ist da drin? Wo liegt der Unterschied zwischen diesem und jenem? Nicht nur diese Fragen werden geklärt, sondern auch viele interessante Infos zur Entstehung und Geschichte, sowie einige informative Anekdoten werden ihnen bei den an Bord angebotenen Tastings vermittelt. Egal ob es ums Mixen von Cocktails oder ein Wein-Tasting geht, oder ob Sie verschiedene Steaks probieren oder Rum, Gin, Whiskey oder Cognac testen dürfen, es darf probiert, gefragt und sich amüsiert werden.

Das Kursangebot an Bord reicht je nach Schiff und Zielgruppe von Kochkursen über Malkurse bis hin zu Brauseminaren. Hier ist der Phantasie der Macher ebenfalls keine Grenzen gesetzt, entsprechend überrascht werden Sie sein, was teilweise angeboten wird.

Aber auch die üblichen Verdächtigen wie Spinnig, Yoga, Gymnastik oder Lektorenvorträge gehören zum Angebot auf den Schiffen. Bitte erwarten Sie aber nicht zu viel von den einzelnen Angeboten. Bei einem Wein-Tasting zum Beispiel wird eine vorgegebene Anzahl und Menge von meist 4-5 vorgegebenen Weinen verkostet, vielleicht in Verbindung mit einer begleitenden Brotzeit. Gleiches gilt entsprechend für die anderen Angebote. Es handelt sich also nicht um ein All you can Drink Event! Ebenfalls hängt die Art und Weise der Präsentation und das, was ihnen vermittelt wird, sehr stark vom jeweiligen Crewmitglied ab, welches das Angebot leitet. Hier kann die Qualität, der Wissensstand und die Motivation von „eher wenig" bis „absolut hervorragend" schwanken. All dies vor dem Hinterrund, dass die Angebote in der Regel kostenpflichtig sind.

Kaufen, kaufen, kaufen

An den Seetagen soll es in den Kassen der Shops an Bord richtig klingeln. Schließlich dürfen die Läden während das Schiff im Hafen liegt, nicht öffnen. Aus diesem Grund versuchen die Shops mit Aktionen und Versprechen die Gäste an den Seetagen zu einem Einkaufsbummel zu animieren. Rabattaktionen und Sonderverkäufe werden strategisch gut über die Reisedauer verteilt im Bordprogramm angekündigt. „25% auf alle Sonnenbrillen" könnte es zum Beispiel am Anreisetag heißen - vielleicht hat schließlich jemand seine zu Hause vergessen oder nimmt den Urlaub zum Anlass sich mit einer neuen Brille auszustatten. Gerne gibt es auch am ersten Seetag Aktionen wie „10% Willkommensrabatt auf das gesamte Sortiment" oder „50% Sonderverkauf für die Marke xy". An solchen Tagen geht es in den Shops dann zu wie beim Discounter und die Läden sehen danach aus, als würde es kein Morgen mehr geben. Ob es sich lohnt, bei solchen Aktionen zuzuschlagen muss jeder, wie auch an Land, für sich selbst entscheiden. Denn denken Sie daran: Auch Shops auf einem Kreuzfahrtschiff haben nichts zu verschenken.

Die Öffnungszeiten der einzelnen Bordeinrichtungen können sich von See- zu Hafentagen unterscheiden. Achten Sie also bei Ihrer Tagesplanung darauf und werfen Sie einen Blick ins Bordprogramm.

<u>Darüber hinaus gibt es bestimmte Dinge, die Sie eher an einem Seetag tun sollten:</u>

• Ausschlafen,

• eines der Spezialitätenrestaurants gegenüber dem Buffet- oder Hauptrestaurant bevorzugen,

• hierfür rechtzeitig, evtl. sogar schon von zu Hause aus über das Online-Portal einen Termin vereinbaren

• an Tastings oder Kursen teilnehmen,

• und etwas flexibel reagieren, sollte es irgendwo zu voll sein oder etwas länger dauern.

Vielleicht ist ihnen bei Ihrer Reiseplanung aufgefallen, dass eigentlich alle Reisen, mögen sie auch noch so kurz sein, zumindest einen Seetag enthalten. Bei manchen Etappen zwischen zwei Häfen fragt man sich: „Ja ist denn das nötig!?" und an Bord erlebt man dann, dass das Schiff an einem Seetag unter Umständen so langsam fährt, dass es fast schon stehen bleibt. Man denkt sich wieder: „Das hätten wir aber auch über Nacht geschafft!?" Ja, sicher, hätte man das auch über Nacht schaffen können! Allerdings sind Seetage ein festes Element einer jeden Kreuzfahrt. Schließlich macht man eine solche Reise auch, um sich auf dem Meer zu befinden. Nicht nur schlafend in der Nacht, sondern auch wach unter tags, um sich mit einem Blick auf die See dem Müßiggang hinzugeben oder sich die Seeluft um die Nase wehen zu lassen. Aber auch, und das ist ebenfalls Teil der Wahrheit, gibt es Seetage damit bei der Reederei die Schiffskasse klingelt, schließlich verbringen viele Reisende ihre Zeit während eines Seetags beim Cocktail trinken, im Spa, in den Shops oder einer sonstigen kostenpflichtigen Aktivität.

Eine Sache möchte ich zum Abschluss noch einmal ganz klar herausstellen: Sie können davon ausgehen, dass an einem Seetag eigentlich alle Bordeinrichtungen bis zum Maximum von den Passagieren genutzt werden. Freie Liegen am Pool oder Tische im Restaurant, ruhige Ecken in der Bar, ein freies Gerät im Fitnessstudio oder ein Termin im Spa sind an solchen Tagen absolute Mangelware. Überall wuselt es, Menschen(Massen) sind unterwegs und ruhige Ecken sind praktisch nicht existent. All das kann man einen Seetag lang sicherlich ertragen. Sollte ihnen aber schon alleine die Vorstellung daran Kopfschmerzen bereiten, so empfehle ich ihnen, eine Reise mit möglichst wenig Seetagen auszuwählen und eine Transferreise mit unter Umständen 5-8 Seetagen am Stück gar nicht erst in Erwägung zu ziehen. Dennoch möchte ich ihnen nicht den Mut nehmen. Ich selbst habe auch an Seetagen noch immer einen Platz gefunden, an dem ich mich wohlfühlen konnte. Allerdings handle ich dann meist antizyklisch und vermeide es, mich zum Beispiel in der Nähe des Pools aufzuhalten oder auf die Jagd nach einer freien Liege zu gehen.

Ein Hafentag

Einen Hafentag, oder auch Landtag, können Sie auf zwei Arten erleben: Entweder Sie gehen an Land oder Sie bleiben auf dem Schiff. So einfach das klingt, so unterschiedlich wird Ihr Tag verlaufen, mit all den damit verbundenen Vor- und Nachteilen.

LANDGANG AN EINEM HAFENTAG

Nehmen wir an, Sie entscheiden sich dazu, das für einen Tag im Hafen Naheliegende zu tun: Sie unternehmen einen Landgang. Wir haben bereits erörtert, dass Sie sich entweder auf eigene Faust oder im Rahmen eines durch die Reederei organisierten Ausflugs auf den Weg machen können. Sollten Sie einen Ausflug bei der Reederei gebucht haben, so werden Sie bereits spätestens am Vortag alle notwendigen Infos erhalten haben. Sie müssen nichts weiter tun und diesen folgen. Begeben Sie sich also pünktlich zur angegebenen Uhrzeit zur angegebenen Sammelstelle und genießen Ihren Tag. Ich empfehle ihnen, Ihr Gepäck für diesen Tag bereits am Vorabend vorzubereiten. Neben den Dingen, die Sie spezifisch für diesen Ausflug benötigen, empfehle ich ihnen an folgende Dinge zu denken:

• Bordkarte,

• Ausweisdokument und ggf. Visa (Achtung: Je nach Land kann ein bestimmtes Ausweisdokument vorgeschrieben sein, meist ist das dann im Tagesprogramm vermerkt. Manchmal genügt im Übrigen auch nur die Bordkarte, dann würde ich alle offiziellen Ausweisdokumente an Bord lassen.),

• Medikamente,

• Mobiltelefon mit geladenem Akku,

• Notfallnummer des Schiffs (steht meist auf der Bordkarte oder im Tagesprogramm),

• Name und Adresse des Schiffs-Liegeplatzes (steht meist im Tagesprogramm, sonst erfragen),

• Wasser.

Diese Liste gilt ebenfalls für einen Landgang auf eigene Faust. Allerdings sind diese Dinge dann wichtiger, als bei einem Ausflug mit der Reederei. So werden Sie den Namen und die Adresse des Schiffs-Liegeplatzes bei einem organisierten Ausflug nur im absoluten Notfall benötigen. Zum Beispiel, wenn Sie von der Gruppe getrennt werden sollten. Bei einem individuellen Tripp brauchen Sie die Daten unbedingt, um diese zum Beispiel dem Taxifahrer geben zu können. Gehen Sie bitte nicht davon aus, dass jeder Taxifahrer versteht, was Sie mit „Cruise Terminal" meinen!

SIE BLEIBEN AUF DEM SCHIFF

Was zunächst etwas komisch klingen mag, kann durchaus Sinn machen. Sie fragen sich vielleicht, weshalb Sie den Landgang in einem Hafen auf Ihrer Kreuzfahrt auslassen sollten? Die Antwort ist ganz einfach: Stellen Sie sich einfach einmal vor, das Schiff fast ganz für sich alleine zu haben. Natürlich müssen Sie wissen, dass nicht alle Bars und Restaurants geöffnet sein werden und, dass die Crew unter Umständen Trainings oder Übungen absolvieren muss, was vielleicht mit einigen störenden Durchsagen verbunden ist. Ansonsten bietet ein Hafentag aber die perfekte Kulisse für einige Aktivitäten, die an einem Seetag nicht so viel Spaß machen:

- Fitnessstudio, Spa und Wellness sind viel leerer

- Spa und Frisör locken mit tollen „Hafentag-Angeboten"

- genießen Sie zum Beispiel ein paar Stunden in der Sauna

- oder gönnen Sie sich eine tolle Massage zum Spezialpreis

- Sie haben den Whirlpool auf dem Sonnendeck fast für sich alleine

Außerdem bedeutet es nicht, dass Sie sich für die eine oder die andere Variante entscheiden müssen. Sie könnten zum Beispiel recht früh zu einem individuellen Landgang aufbrechen, um dann den Nachmittag in Ruhe auf dem Schiff zu verbringen.

SONDERFALL OVER NIGHT

Ganz kurz möchte ich ihnen noch den Begriff „Over Night" etwas näher bringen. Diesen könnten Sie unter Umständen bei der ein oder anderen Kreuzfahrt aufschnappen. Wie es der Name (Over Night, englisch für „über Nacht") schon vermuten lässt, verbringt das Schiff die Nacht über im Hafen. Das hat für Sie als Passagier den Vorteil, dass Sie die ganze Nacht über in diesem Hafen von Bord gehen und an Land irgendwelche Aktivitäten unternehmen können. So lange Sie am nächsten Tag wenn es heißt „Alle Mann an Bord" wieder zurück auf dem Schiff sind. Ihr Hotel mit 24 Stunden Rezeption liegt brav im Hafen und wartet auf Sie, Tag und Nacht.

Einlaufen und Ankunftszeit

EINLAUFEN

Meist bekommen Sie als Passgier das Einlaufen in den Hafen nicht mit. In der Regel läuft das Schiff in den frühen Morgenstunden in den Hafen ein und bis Sie zum Beispiel zum Frühstück gehen, liegt es bereits festgemacht am Pier. Stellt sich die Frage: Lohnt es sich, etwas früher aufzustehen, um das Einlaufen mitzubekommen? Die Antwort ist ganz klar: Kommt darauf an. Bei den meisten Häfen wird es sich nicht lohnen, extra für das Einlaufen früh auf den Beinen zu sein. Es gibt schlicht nichts wirklich Interessantes zu sehen.

Es gibt allerdings Häfen, bei denen das Einlaufen ein wahres Ereignis ist. So zum Beispiel fährt man stundenlang durch die wunderschönen Schären, bevor man schließlich den Hafen in Stockholm erreicht. Ein absolut empfehlenswertes Erlebnis. Aber auch andere Häfen bieten unvergessliche Einlauf-Erlebnisse: New York, Sydney, und Hamburg, zum Beispiel.

ANKUNFTSZEIT

Im Tagesprogramm für den jeweiligen Hafentag erfahren Sie unter Anderem, wann das Schiff im Hafen anlegen wird. Diese Uhrzeit ist eine Circa-Angabe, ist nicht verpflichtend, dient als Richtwert, wird aber meist eingehalten. Sie können also davon ausgehen, dass Sie zu der angegebenen Zeit das Schiff über die Gangway, deren Position ebenfalls im Tagesprogramm oder durch eine Durchsage am Morgen, angezeigt wird, verlassen können. Sollte es einmal zu Verzögerungen kommen, so wird dies durch eine Durchsage bekannt gegeben. Manche Reedereien informieren die Passagiere generell in jedem Hafen mit einer Durchsage darüber, dass das Schiff nun fest liegt und verlassen werden kann.

Verschiedene Faktoren beeinflussen, ab wann Sie das Schiff nach dem Anlegen verlassen können. Selbst wenn Sie als Passagier von Ihrer Kabine aus vermeidlich feststellen, dass das Schiff bereits angelegt hat, bedeutet das noch lange nicht, dass es auch schon festgemacht, die Gangway angebracht und, dass das Schiff schon durch die lokalen Behörden freigegeben ist. Es gibt Länder, in denen kann sich die Freigabe in die Länge ziehen, weil zum Beispiel der Zoll bestimmte Dokumente etwas genauer in Augenschein nimmt.

Stehen Sie also nicht bereits zur geplanten Zeit mit scharrenden Hufen bereit, um die Gangway zu stürmen. Geben Sie sich und allen Beteiligten genügend Zeit, um alles für die Zeit im Hafen perfekt vorbereiten zu können.

Im Übrigen hat die Ankunftszeit nicht nur mit der reinen benötigten Fahrtzeit zwischen den Häfen zu tun. Oft hängt die Ankunft beziehungsweise die Abfahrtszeit schlicht mit den Hafengebühren zusammen. Diese sind ein wesentlicher Kostenfaktor für die Reedereien. In manchen Häfen, die entweder sehr beliebt sind oder nur über ein limitiertes Angebot an Liegeplätzen verfügen, können diese Kosten ungleich höher sein, als in anderen Häfen. Deshalb versuchen die Reedereien die Liegezeiten in diesen Häfen so kurz als möglich zu halten. Was im Übrigen ebenfalls ein großer Unterschied zwischen den Reedereien im Massenmarkt und denen des Luxussegments ist. Hier bleiben die Schiffe oft viel länger im Hafen liegen, als im Massenmarkt.

Liegeplatz

Wie bereits zuvor erwähnt, sollten Sie bei einem Landgang immer genau über den Liegeplatz Ihres Schiffes Bescheid wissen. Oft finden Sie diese Angabe im Tagesprogramm für den jeweiligen Hafentag oder einem Aushang an der Gangway. Warum ist diese Information, gerade für individuelle Landgänge, wichtig? In größeren Orten gibt es mehrere Häfen oder Hafenbereiche. Manchmal liegt der angelaufene Hafen auch nicht am selben Ort, den Sie für Ihren Tagestrip auserkoren haben. So liegt der Hafen für Rom in Chivitaveccia, einer Stadt eine gute Autostunde von Rom entfernt. Oft werden deshalb Taxifahrer mit der Info „Zum Cruise Terminal" nichts anfangen können. Je genauer Ihre Information ist, umso besser werden Sie zurecht kommen. Ich selbst wäre zum Beispiel in Malaysia schon beinahe einmal zu spät zum Schiff gekommen, da der Taxifahrer aus Kuala Lumpur mit der Information „Hafen, Port Klang" (Der Hafen, in dem man mit Kreuzfahrtschiffen anlegt, wenn man nach Kuala Lumpur möchte.) absolut nichts anfangen konnte. Port Klang ist auch einige Kilometer von Kuala Lumpur entfernt und somit nicht gerade das Einzugsgebiet für die Taxifahrer dort. Deshalb: Je genauer Sie wissen, wie Ihr Hafen heißt und wo Ihr Hafen liegt, desto besser.

Hafen ist nicht gleich Hafen

Jeder Hafen ist anders, das macht die Sache für Sie als Passagier nicht gerade einfacher. In welchem Hafen Sie mit Ihrem Kreuzfahrtschiff letztendlich anlegen, hängt von verschiedenen Faktoren ab. Gerade bei den großen Schiffen im Massenmarkt spielt die Schiffsgröße eine entscheidende Rolle. Viele Häfen, in denen man mit den Kreuzfahrtschiffen früherer Jahre noch anlegen konnte, sind nun zu klein, um die riesigen modernen Schiffe aufnehmen zu können. Aber auch die Infrastruktur im und um den Hafen herum muss in gewisser Weise stimmen, um dem Ansturm von mehreren Tausend Menschen innerhalb kürzester Zeit Stand halten zu können. Und nicht zuletzt spielen auch die Kosten eine Rolle. Es ist nunmal günstiger, in einem etwas weiter abgelegenen Containerhafen anzulegen, als an einem Terminal mitten in der Stadt. Hier eine kleine Übersicht möglicher Hafen-Konstellationen und was das für Sie bedeutet:

CONTAINER- BEZIEHUNGSWEISE INDUSTRIEHAFEN

Eigentlich die ungünstigste Konstellation für Sie als Passgier. Oft liegen diese Häfen sehr weit abseits von all dem was Sie als Tourist interessiert. Die Hafenanlagen an sich sind meist sehr weitläufig und gut gesichert, was ein fußläufiges Verlassen des Geländes manchmal nahezu unmöglich macht. Es gibt Häfen, in denen ist es sogar verboten, zu Fuß unterwegs zu sein. Darüber hinaus gibt es keine Infrastruktur für Kreuzfahrer, wie zum Beispiel einen Terminal, freies WLAN oder Läden. Auch Taxis werden mitunter schwer oder gar nicht zu bekommen sein. Vielleicht haben Sie Glück und der Hafen bietet einen, manchmal kostenfreien, Shuttlebus zum Hafenausgang, einer nahegelegenen Station des öffentlichen Nahverkehrs oder sogar in die Innstadt an. Zumindest bieten aber die Reedereien in solchen Häfen meist immer einen von der Reederei organisierten kostenpflichtigen Shuttlebus-Service an. Gerade bei individuellen Landgängen sollten Sie bei diesen Häfen besonders gut darauf achten, wo sie liegen, wie sie genau genannt werden und wie man dorthin gelangt. Oft sind diese auch bei Taxifahrern nicht bekannt.

GROßER HAFEN MIT KREUZFAHRTTERMINAL

Ein gutes Beispiel für einen Hafen dieser Art ist Hamburg. Dort gibt es sogar drei reine Kreuzfahrtterminals, den Terminal in Altona, den in der Hafen City und den in Steinwerder.

Der Terminal in Altona zum Beispiel liegt zwar nicht zentral, aber dennoch recht gut, auf der „richtigen" Seite des Hafens, auf dem auch zum Beispiel die Reeperbahn, St. Pauli und die Altstadt liegen. Wer gut zu Fuß ist und gerne läuft, kann von hier aus relativ bequem Hamburg entdecken. Auch die Anbindung an die öffentlichen Verkehrsmittel ist sehr gut und nah am Terminal findet man Bars, Restaurants und Geschäfte.

Der Terminal in Steinwerder liegt auf der „falschen" Seite des Hafens. Außerdem stehen unmittelbar in der Umgebung des Terminals keine öffentlichen Verkehrsmittel zur Verfügung. Man ist entweder auf Taxen oder den Shuttlebus der Reederei angewiesen. Darüber hinaus müssen Sie für die reine An- und Abreise zum Terminal einiges der wertvollen Zeit für Ihren Landgang einkalkulieren.

REINER KREUZFAHRTTERMINAL

Immer mehr, gerade kleinere Orte und Häfen, entdecken Kreuzfahrtschiffe als gute Einnahmequelle für den Tourismus. Deren Lage und Gegebenheiten sind perfekt, um auch größere Schiffe aufnehmen zu können, lediglich die Infrastruktur vor Orte fehlte bisher. So wurden in den vergangen Jahren dort einige Kreuzfahrtterminals errichtet.

Ein Beispiel hierfür ist Ajaccio, die Hauptstadt der Insel Korsika. Liegt dort an einem der Piers ein großes Kreuzfahrtschiff, so ist die Silhouette der Altstadt nicht mehr zu sehen. Der Pier liegt aber unmittelbar am Ortskern. Man verlässt das Schiff und steht nach wenigen Minuten Fußweg auf dem Marktplatz von Ajaccio. Das ist natürlich der Idealfall.

Was Sie mitnehmen sollten: Sie können nicht davon ausgehen, dass Sie mit Ihrem Kreuzfahrtschiff, gerade im Massenmarkt, immer am besten Liegeplatz festmachen. Oft, vielleicht sogar meistens, liegen die großen Schiffe etwas abseits, was für Sie als Passagier etwas mehr Aufwand bedeutet, um zu den relevanten Sehenswürdigkeiten zu gelangen.

UND MANCHMAL GIBT ES NICHT MAL EINEN HAFEN (REEDE UND TENDERN)

Ehrlicher Weise müsste es heißen: Und manchmal gibt es nicht mal einen Hafen, der groß genug für ein Kreuzfahrtschiff ist. Ein sehr prominentes Beispiel hierfür ist die griechische Insel Santorin. Sie ist bei Kreuzfahrern sehr beliebt, verfügt aber über keinen Hafen, der auch nur ansatzweise ein Kreuzfahrtschiff aufnehmen könnte. Daher beißen die Reedereien in den sauren Apfel und ankern vor der Insel auf Reede und tendern ihre Passagiere auf die Insel.

Das bedeutet, dass jeder Reisende, der auf die Insel möchte, vom großen Kreuzfahrtschiff aus über eine, je nach Schiff und Wellengang, recht wackligen Konstruktion auf ein Tenderboot wechseln muss. Dieses bringt einen dann auf die Insel, beziehungsweise wieder von dort zurück auf das Schiff.

Die Sache klingt recht wackelig und das kann sie auch sein. Aber haben Sie keine Angst. Alle Passagiere werden gut durch die Crew gesichert und solch ein Tenderboot fasst bei modernen Kreuzfahrtschiffen gut und gerne bis zu 200 Personen.

Abfahrtszeit und Auslaufen

Irgendwann ist der schönste Landgang zu Ende und es ist Zeit, zum Schiff zurück zu kehren. Sie wissen bereits, dass das Schiff nicht auf Sie wartet. Im Tagesprogramm und an der Gangway finden Sie die Information darüber, wann wieder „alle Mann an Bord" sein müssen und wann das Schiff ablegen wird. In der Regel heißt es eine halbe Stunde vor dem Ablegen „alle Mann an Bord". Reizen Sie Ihre Zeit an Land nicht bis zur letzten Minute aus und sind Sie wieder pünktlich zurück an Bord! Denken Sie daran, dass Sie unter Umständen in einem fremden Land und einer unbekannten Stadt sind. Die Sprache ist ihnen vielleicht fremd und Sie sind mit den Gepflogenheiten vor Ort nicht vertraut. Dem entsprechend kann mehr Unvorhergesehenes passieren und schief gehen, als zu Hause. Planen Sie all das unbedingt mit ein!

Vielleicht möchten Sie auch rechtzeitig an Bord sein, um sich ganz entspannt auf das Auslaufen vorbereiten zu können. Auch hier gilt, dass dieses Manöver, je nach Hafen, sehr interessant sein kann. Ansonsten gelten die selben Regeln, wie für Ihr allererstes Auslaufen am Abreisetag. Vielleicht haben Sie bereits fürs Auslaufen Ihren Lieblingsplatz entdeckt oder Sie kennen das Schiff schon so gut, das Sie den für diesen Hafen optimalen Ausguck gefunden haben. Für viele Passagiere gibt es nichts Schöneres, als noch einmal von See aus einen Blick auf den Ort zu werfen, den man während der letzten Stunden an Land erkundet hat. Hinzu kommt die Vorfreude auf den nächsten Hafen. All das an der Reling, mit einem schönen Getränk in der Hand - wunderbar!

Der Lotse

Ein Tipp von mir: Machen Sie sich doch einmal auf die Suche, ob Sie nicht irgendwo um das Schiff herum ein kleines Boot mit der großen Aufschrift „Pilot" fahren sehen. Auf dieses Boot wird der Lotse hinüber klettern, nachdem er Ihr Kreuzfahrtschiff sicher aus dem Hafen gelotst hat.

Im Übrigen wird meist kurz vor jedem Hafen ein Lotse an Bord kommen, um das Schiff in den Hafen zu lotsen. Beim Ablegen erfolgt das gleiche Prozedere, nur eben anders herum. In fast allen Häfen ist es Pflicht, einen Lotsen mit an Bord zu nehmen, in anderen liegt die Entscheidung beim Kapitän, ob er einen Lotsen anfordert. Allerdings ist der Lotse nur in beratender Funktion an Bord, die letztendliche Entscheidung liegt zu jeder Zeit beim Kapitän. Gerne greift der Kapitän aber auf die Expertise des Lotsen zurück. Dieser kennt seinen Heimathafen genau und versorgt die Schiffsbesatzung mit den neusten und wichtigen Informationen, die ein sicheres An- und Ablegemanöver gewährleisten.

Fragen, die man sich nicht zu fragen traut

Im Laufe Ihrer ersten Kreuzfahrt werden Sie wahnsinnig viele neue Eindrücke sammeln können. Sie werden eine Menge sehen und hören, womit Sie im ersten Moment nichts anfangen können. Einige der sich daraus ergebenden Fragen klären sich im Laufe der Reise selbst, andere wiederum nicht. Ich möchte ihnen an dieser Stelle einige der Fragen beantworten, die ich bei Kreuzfahrten sehr oft aufgeschnappt habe oder die von vermeintlich allwissenden Vielfahrern oft schlicht falsch beantwortet werden.

Wie sind die Arbeitsbedingungen auf dem Schiff?

Oft hört man: „Die arme Crew, schuftet rund um die Uhr! Und so weiter., und so weiter, und so weiter". Aber stimmt das wirklich? Die ganz klare Antwort: Ja natürlich, ABER!

Zunächst einmal muss man die Crew auf einem Kreuzfahrtschiff in drei Gruppen einteilen: Das nautische Department, das Engine-Department und das Hoteldepartment. Zum nautischen und Engine-Department gehören alle Besatzungsmitglieder, deren Tätigkeit darin liegt, das Schiff an sich zu unterhalten. Beispiele hierfür: Kapitän, Staffkapitän, Ingenieure, Techniker, Bootsmänner, Matrosen, etc. Der ganze Rest gehört zum Hoteldepartment. Schließlich ist ein Kreuzfahrtschiff im Endeffekt nichts anderes als ein großes Hotel auf See. Doch nun zurück zu den Arbeitsbedingungen!

Absolut richtig ist, dass das Schiff nie schläft. Es gibt an Bord immer jemanden, der arbeitet. Angefangen bei den Offizieren und dem Rudergänger auf der Brücke, über die Köche in der Küche bis hin zu den Cleanern des Housekeeping. Auch wenn Sie tief und fest schlafen, arbeiten dutzende Besatzungsmitglieder, dass das Schiff sicher im nächsten Hafen ankommt, dass Sie am Morgen zum Frühstück frische Backwaren genießen können oder, dass das ganze Schiff am nächsten Morgen wieder glänzt und sauber ist. Das ist die eine Hälfte der Wahrheit.

Die andere Hälfte ist, dass auf einem großen Kreuzfahrtschiff im Massenmarkt mehrere Hundert, oft weit über Tausend Crewmitglieder arbeiten. Und alle diese arbeiten nicht ständig rund um die Uhr. Genauso wie an Land gibt es Dienstpläne, Schichten und Ruhezeiten.

Das bedeutet in der Realität, dass die Crewmitglieder im Normalfall je nach Position, Herkunftsland und Vertragsausgestaltung zwischen sechs und zehn Monaten ununterbrochen an Bord bleiben. In dieser Zeit wird sieben Tage die Woche gearbeitet. Ohne Urlaub, ohne freien Tag und Feiertage gibt es auch nicht. Wie gesagt gibt es, genauso wie an Land Dienstpläne, Schichten und Ruhezeiten. Es gibt auch klare gesetzliche Vorgaben, welche die Arbeitsbedingungen an Bord regeln. Diese werden vom Flaggenstaat festgelegt. Meist sind diese aber deutlich lascher als das Arbeitsrecht in Deutschland. So beläuft sich die tägliche Arbeitszeit in der Regel nicht nur auf 8 Stunden. 10, oft auch 12 Stunden pro Tag oder im Extremfällen sogar mehr sind normal. Oft arbeitet man zum Beispiel am frühen Morgen, hat dann einige Stunden frei und muss dann am Abend noch einmal ran. Ein Kellner kann in der Frühschicht im Buffetrestaurant zum Frühstück eingeteilt sein, am Abend bedient er die Gäste in einem der Spezialitätenrestaurants.

Neben dem regulären Job hat jedes Crewmitglied eine weitere ebenso wichtige Aufgabe zu erfüllen: Es ist für die Sicherheit der Passagiere verantwortlich! Um diese Aufgabe bestmöglich erfüllen zu können, werden für alle Crewmitglieder verpflichtende Sicherheitstrainings und Übungen angesetzt, an denen teilgenommen werden muss. Auch in der „Freizeit", also auch wenn man gerade keine Schicht hat. Gleiches gilt für Kurse und Schulungen zu anderen schiffsrelevanten Themen, wie zum Beispiel Umweltschutz und Sprachunterricht.

Darüber hinaus muss jedes Crewmitglied in seiner Freizeit für seinen „Haushalt" sorgen. Das ist zwar an Bord nicht wirklich viel, denn schließlich wird für einen gekocht und auch fast alle anderen Dinge, die wir zu Hause zu erledigen haben, fallen an Bord weg. Dennoch gilt es Dinge, die zu erledigen sind, wie zum Beispiel das Wäschewaschen und das Reinigen der Kabine.

Ich finde, es gibt eine ganz wichtige Sache, die darüber entscheidet, ob man als Crewmitglied eine gute Zeit an Bord hat oder nicht: Man muss für das Leben an Bord gemacht sein. Die Zeit an Bord lebt man in gewisser Weise in einem ständigen Ausnahmezustand, da sich das Leben an Bord so sehr von einem Lebenswandel an Land unterscheidet. Kann man sich mit diesem Leben arrangieren, dann hat man eine wunderbare Zeit an Bord, fällt es einem schwer, sich den Routinen an Bord zu unterwerfen, so wird es eine sehr harte Zeit werden und man wird nie wieder kommen. Andererseits packt viele Leute das Leben an Bord, sie kommen schwer wieder davon los und fahren jahrelang zur See.

Um es noch einmal ganz klar zu sagen: Ja, das Leben als Crewmitglied an Bord ist hart. Sie sind mitunter monatelang von ihren Lieben getrennt, leben in einer extremen Umgebung ohne viel Raum für Individualität und haben die ganze Zeit ihre Pflicht zu erfüllen. Andererseits werden sie Teil einer eingeschworenen Gemeinschaft und können eine fantastische Zeit erleben.

Viele Crewmitglieder finanzieren durch ihre Arbeit an Bord ihre ganze Familie zu Hause oder sparen für ihren großen Traum nach der Seefahrt. Die Bezahlung an Bord ist je nach Herkunftsland und Position sehr gut bis absolut ausreichend. Es gibt nicht nur Pflichten, sondern auch Rechte. Je nach Flaggenstaat und Reederei wird auf das Wohlbefinden der Crew geachtet, es gibt Regeln und Gesetze, an die sich nicht nur die Crew, sondern auch die Reederei als Arbeitgeber halten muss.

Mir fehlen fundierte Daten, wie die Anwerbesituation der Crewmitglieder in den einzelnen Herkunftsländern ist. Diese wird meist von Agenturen durchgeführt. Ob und wie viel Gebühren, Provisionen oder Beteiligungen diese Agenturen von den zukünftigen Crewmitgliedern verlangen, ist mir nicht bekannt. Man kann aber davon ausgehen, dass dies unter Umständen der Fall sein kann.

Letztendlich würde ich behaupten, dass nur jemand, der schon einmal selbst als Crewmitglied auf einem Kreuzfahrtschiff gefahren ist, beurteilen kann, wie das Leben an Bord ist. Die Aussagen aller anderen sind graue Theorie.

Wo schläft die Crew?

Es scheint Gäste zu geben, die sich über diese Fragen ernsthaft Gedanken machen. Die Frage wird deshalb gar nicht einmal so selten gestellt. Gute Antworten der Crew auf diese Frage: „Ist ihnen bis jetzt noch nicht das Schiff am Horizont aufgefallen, das ständig hinter uns fährt? Dort wohnen wir und werden mit einem Boot (wahlweise Hubschrauber) jeden Morgen von dort hier auf das Schiff gebracht." Oder: „Na in den Gästekabinen, wenn die Passagiere an Land sind!"

Das ist natürlich alles Seemannsgarn: Die Crew schläft, genauso wie die Gäste an Bord. Unter den Passagierdecks gibt es meist noch 2-3 Crewdecks. Dort findet man zum Beispiel die Wäscherei, die Müllverarbeitung, die Provision, Werkstätten, die Crewmesse, und weitere Infrastruktureinrichtungen. Aber eben auch die Unterkünfte für die Crew, die Crew-Kabinen sind dort.

Auf den großen modernen Schiffen gibt es meist Kabinen für bis zu vier oder manchmal auch nur zwei Crewmitglieder der niedrigen Mannschaftsgrade, wie zum Beispiel Kellner, oder Reinigungskräfte, die dort zusammen leben. In der nächst höheren Kategorie findet man so genannte Single Share Kabinen. Dort hat zwar jedes Crewmitglied seine eigene kleine Kabine mit

Waschbecken, die zwischen zwei Kabinen liegende Toilette und die Dusche teilen sich aber zwei Crewmitglieder. Höhere Mannschaftsgrade, wie zum Beispiel Abteilungs-Manager beziehen Innen-Einzelkabinen mit eigenem Bad. Dann gibt es noch Außen-Einzelkabinen und zu guter Letzt finden die ranghöchsten Offiziere, wie der Kapitän, der Staff Kapitän oder der Chefingenieur ihre Kabinen direkt hinter der Brücke. Hierbei handelt es sich schon um Suiten mit Schlaf- und Wohnbereich, ggf. auch noch mit einem Arbeitsbereich. Wer welche Kabine bekommt, hängt wie gesagt vom Rang des jeweiligen Crewmitglieds ab. Crewmitglieder in der gleichen Kabine arbeiten in der Regel auch zusammen. Crew-Kabinen sind natürlich kleiner als Passagierkabinen.

Jedem Crewmitglied steht in der Kabine ein Bett und ein Schrank zur Verfügung. Manchmal gibt es sogar für jedes Bett einen eigenen Fernseher. Darüber hinaus bieten die Kabinen, wie gesagt, eine Dusche, Toilette, Waschbecken, manchmal auch einen Kühlschrank, ein abschließbares Fach und Ablageflächen.

Wie sieht es im Crewbereich aus?

Mittlerweile wird der Crew auf modernen Schiffen so einiges geboten. Neben den nötigen Einrichtungen wie Crewmesse, Waschmaschinen und einem kleinen Kiosk gehören meist auch noch eine Art Crew-Kaffee, eine Crewbar sowie ein Außenbereich, teils mit Swimming- oder Whirlpool dazu. Der gesamte Crewbereich ist ein Arbeitsbereich, entsprechend kahl und sachlich ist alles gehalten. Das heißt, wo im Passagierbereich schöne Wandtäfelungen angebracht sind, erblickt man im Crewbereich den blanken, weiß gestrichenen Stahl des Schiffs. Kabel, Leitungen und Rohre sind ebenfalls nicht verkleidet. Bei der Gestaltung der oben beschriebenen Einrichtungen für die Crew hingegen wird mittlerweile schon darauf geachtet, dass sich auch das Auge wohl fühlt. So muss sich zum Beispiel die Crewbar nicht hinter einer einfachen Bar an Land verstecken. Ohnehin ist die Bezeichnung „Bar" eher irreführend, „Disko" wäre wohl eher angebracht. Denn in der Crewbar wird in der Regel jeden Abend, oft sogar recht laut und ausgelassen gefeiert, getanzt und gesungen.

In der Crewmesse wird die gesamte Crew fast rund um die Uhr mit Essen versorgt. Schließlich muss auch an die Kollegen gedacht werden, die zum Beispiel in der Nachtschicht arbeiten. Meist gibt es auf den Schiffen nicht nur eine Crewmesse, sondern auch kleinere Messen für Offiziere und Unteroffiziere. Dort dürfen dann allerdings nur bestimmte Mannschaftsgrade speisen. Der Rest trifft sich in der Crewmesse. Je nach Reederei, Schiff,

Koch, aber auch Kapitän ist das Essen in der Crewmesse manchmal recht eintönig und fad, manchmal aber auch richtig abwechslungsreich und wohlschmeckend. Das Angebot orientiert sich an den Bedürfnissen der Crew. Das heißt, es gibt einige europäische Gerichte, aber auch Speisen für die asiatischen Crewmitglieder. Hier gilt: „No Rice, no Power! - Kein Reis, keine Kraft!" Reis muss es also immer geben - Früh, Mittags, Abends, Nachts.

Darf die Crew auch in den Passagierbereich?

Auch hier ein ganz klares: Kommt darauf an! Grundsätzlich handhaben die Reedereien es sehr unterschiedlich, ob, unter welchen Voraussetzungen und in welchem Umfang Crewmitglieder in ihrer Freizeit in den Passagierbereich dürfen. Zunächst gibt es Crewmitglieder, die aufgrund ihres Rangs oder ihrer Position so gut wie uneingeschränkten Zugang zu allen Einrichtungen im Passagierbereich haben. Hierzu zählen der Kapitän, ranghohe Offiziere aus dem nautischen Bereich und ranghöhere Manager aus dem Hotelbereich.

Dann gibt es Crewmitglieder, die sich aufgrund ihres Rangs während ihrer Freizeit zwar frei im Passagierbereich bewegen und dort auch einige Einrichtungen nutzen dürfen, aber bestimmten Beschränkungen unterliegen. Beispielsweise dürfen diese Crewmitglieder eine Bar besuchen und dort auch etwas konsumieren, in ein Restaurant dürfen sie aber nur nach vorheriger Anmeldung durch ihren Vorgesetzten.

Die letzte Gruppe an Crewmitgliedern sind alle unteren Mannschaftsgrade, wie zum Beispiel Besatzungsmitglieder aus der Galley, dem Housekeeping oder der Wäscherei. Diese dürfen sich meist gar nicht in ihrer Freizeit im Passagierbereich aufhalten. Je nach Reederei gibt es aber Ausnahmen und Möglichkeiten, dies doch tun zu dürfen. Aus diesem Grund werden Sie auch ab und zu Crewmitglieder „in Zivil", aber mit Namensschild, welches ein Crewmitglied an Bord immer, auch während seiner freien Zeit tragen muss, im Passagierbereich finden. Man kann sagen: Je höher der Rang, desto öfter.

Was passiert mit dem Müll an Board?

Sie können sich sicherlich vorstellen, dass an Bord eines Kreuzfahrtschiffs Unmengen an Müll anfallen. Angefangen bei Lebensmittelresten über Wertstoffe wie Glas, Blech, Karton und Papier bis hin zu Abfällen, die einem zunächst nicht in den Sinn kommen wie zum Beispiel gebrauchtes Frittieröl, Chemikalien oder sogar Sondermüll.

Doch was passiert mit all dem? Über Bord wird es wohl nicht gekippt werden - oder!? Die Antwort: Teilweise irgendwie schon. Hier die Erklärung: An Bord eines Kreuzfahrtschiffs gibt es einen Umweltoffizier, der neben anderen Aufgaben auch dafür sorgt, dass der an Bord anfallende Müll ordnungsgemäß entsorgt oder recycelt wird. Es geht sogar soweit, dass bereits im Vorfeld versucht wird, die Entstehung von Müll so gut es eben geht zu vermeiden. Es bleibt aber noch jede Menge an Müll übrig, der zu verarbeiten ist. Hierzu kommt jeglicher Abfall in einen zentralen Müll- beziehungsweise Recyclingraum an Bord. Dort wird er von den dort tätigen Crewmitgliedern verarbeitet. Zunächst wird der Müll getrennt. Wertstoffe werden gesammelt und in geeigneten Häfen an Land gebracht. Der restliche Müll wird in der bordeigenen Müllverbrennung verbrannt. Dies geschieht unter strengen Umweltauflagen. Lebensmittelreste werden geschreddert und auf offenem Meer verklappt, also ins Meer abgelassen. Sozusagen als Fischfutter. Jede Reederei handhabt ihre Müllverwertung anders. Wundern Sie sich also nicht, wenn ihnen an Bord Ihres Kreuzfahrtschiffes zum Beispiel gesagt wird, das der Restmüll nicht verbrannt wird, sondern ebenfalls an Land verbracht wird oder, dass Speisereste ebenfalls dort entsorgt werden.

Ich hoffe, dieser kleine Einblick darüber, was mit dem Müll an Bord geschieht, animiert auch Sie dazu, an Bord so wenig Müll als nur möglich zu produzieren. Im Zweifel fahren Sie mit diesem tausende von Kilometern über die sieben Weltmeere von Kontinent zu Kontinent. Daher gilt: Weniger ist mehr! Oft gibt es im Übrigen an Bord Vorträge über die Abläufe an Bord. Hierbei wird fast immer auch das Thema Müll genauer beleuchtet und die entsprechenden Abläufe, vielleicht sogar mit ein paar Fotos dokumentiert, erklärt.

Bisher verhielt es sich auf Kreuzfahrtschiffen mit dem Wasser ähnlich. Jedes Schifft führt in riesigen Tanks Frischwasser, das in einem Hafen gebunkert wurde, mit sich. Darüber hinaus verfügt es über eine Meerwasserentsalzungsanlage. Das Frischwasser wird für die Galley und die sanitären Anlagen wie Waschbecken und Duschen verwendet. Das an Bord entsalzte Wasser wird für die Toiletten und als Putzwasser genutzt. Alle Abwässer werden auf einem Schiff als „schwarzes Wasser" bezeichnet. Diese werden an Bord geklärt, das nahezu wieder reine Wasser wird ins Meer verklappt und der (laienhaft ausgedrückt) Klärschlamm wird in den Häfen an Land verbracht und dort fachgerecht entsorgt. Neue Schiffe hingegen sind nicht mehr auf Fremdwasser angewiesen. Dort wird Meerwasser unter Verwendung von so genannten Osmoseanlagen zu Wasser in Trinkwasserqualität verwandelt und überall auf dem Schiff verwendet. Die Behandlung des „schwarzen" Wassers" funktioniert ähnlich wie bei älteren Schiffen.

Ist wirklich schon einmal jemand über Bord gegangen?

Natürlich! Das kommt bei der Masse an Kreuzfahrtschiffen immer wieder einmal vor. Es ist nicht ganz so einfach, auf einem Kreuzfahrtschiff über Bord zu gehen. Die Schiffe sind so gesichert, dass man schon etwas Energie aufwenden muss, um über die relativ hohe Reling zu kommen. Dem entsprechend handelt es sich meist entweder um Suizid, ein Verbrechen oder schlicht absolute Dummheit und Unachtsamkeit. Es ist leider auch so, dass viele nur daran denken, dass Passagiere über Bord gehen können. Aber auch bei Crewmitglieder passiert dies. Leider kommt es immer wieder einmal vor, dass einzelne Besatzungsmitglieder Probleme während ihrer Zeit an Bord haben. Sei es, dass sie dem Arbeitsdruck nicht gewachsen sind oder, dass es Probleme mit anderen Crewmitglieder gibt. Werden diese Probleme nicht entdeckt und gelöst, kommt es mitunter zum Äußersten und die Person springt über Bord.

Aber Alles in Allem sprechen wir hier von sehr wenigen Zwischenfällen, wenn auch jeder einzelne tragisch ist. Sie können also davon ausgehen, das Sie mit extrem hoher Wahrscheinlichkeit kein Zeuge werden, wenn es heißt „Mann über Bord!". Trotzdem wird das so genannte „Mann über Bord"-Manöver auf dem Schiff regelmäßig trainiert und auch jedes Besatzungsmitglied weiß, was es zu tun hat, sollte es zum Äußersten kommen.

Was passiert, wenn jemand an Bord stirbt?

Leider kommt es auch vor, dass es an Bord eines Kreuzfahrtschiffs einen Todesfall geben kann. Die Gründe hierfür können genau die selben, wie an Land sein: Krankheit, Unfall, Verbrechen. Aber auch auf solche Fälle ist man auf Kreuzfahrtschiffen vorbereitet. Moderne Schiffe verfügen über eigens hierfür vorgesehene Kühlkammern, in der der Leichnam abgelegt werden kann, bis er an Land überführt wird. Sie müssen in einem solchen, ebenfalls recht seltenen Fall, nicht befürchten, dass wegen einer Leiche an Bord das

Schiff die Route ändern muss, damit im nächsten Hafen die Leiche an Land gebracht werden kann.

Etwas makaber, aber wahr: Auf kleineren älteren Schiffen wird die Kühlkammer, in der im Falle eines Falles die Leiche aufbewahrt wird, im regulären Betrieb zur Lagerung und Kühlung von Lebensmitteln verwendet. Alles natürlich unter Einhaltung sämtlicher (Hygiene)Vorschriften! Versteht sich.

Geht der Kapitän während einer Reise auch einmal von Bord?

Ja klar! Warum sollte er nicht? Wie jedes andere Crewmitglied kann auch der Kapitän in seiner dienstfreien Zeit (fast) alles tun und lassen, was er möchte und zum Beispiel auch einen Landgang unternehmen.

Generell kann man allerdings sagen, dass gerade die höheren Mannschaftsgrade und Besatzungsmitglieder, die schon recht lange zur See fahren, mit der Zeit immer seltener während der Liegezeiten an Land gehen. Darüber hinaus fährt zum Beispiel ein Kapitän im Vergleich zu den anderen Besatzungsmitgliedern recht kurze Zeit an Bord, bevor er in seinen wohl verdienten Urlaub geht. Da ist der Drang, etwas Zerstreuung an Land zu suchen, nicht so groß.

Vögel an Bord?

Ja, Sie haben richtig gesehen, wenn Sie ab und zu auf dem oder um das Schiff herum Vögel beobachten können. Zunächst wundert man sich und traut vielleicht auch seinen Augen nicht, denn schließlich hätte man alles, nur keine Vögel auf hoher See erwartet. Mit etwas Hintergrundwissen klärt sich die Sache aber recht schnell auf.

Erklärung 1: Sehen Sie auf hoher See (Ich spreche hier von Regionen, die teilweise hunderte von Seemeilen vom nächsten Land entfernt sind!) einen Vogel elegant um das Schiff herum fliegen, so handelt es sich höchstwahrscheinlich um einen Hochseevogel. Diese Tiere leben auf hoher See. Und man glaubt es kaum, teilweise lassen diese sich nicht einmal zum

Schlafen auf dem Wasser nieder. An Land begeben sich diese Vogelarten höchstens, um dort ihren Nachwuchs aufzuziehen. Ein typischer Vertreter dieser Gattung ist der Tölpel.

Erklärung 2: Sehen Sie irgendwo an Bord einen recht kleinen Vogel herumfliegen, nachdem Sie zuvor aus dem Hafen ausgelaufen sind, so können Sie davon ausgehen, dass es sich hierbei um einen Landvogel handelt, der sich als blinder Passagier auf das Schiff verirrt hat. Mit etwas Glück schafft er noch den Absprung und kann wieder zurück fliegen. Andernfalls wird er mehr oder weniger unfreiwillig auf dem Schiff bis zum nächsten Hafen mitreisen müssen.

Welche wichtigen Positionen gibt es an Bord?

Oft sieht man das ein oder andere Crewmitglied in Uniform mit dem ein oder anderen Streifen auf den Schultern über das Deck laufen. Unwillkürlich fragt man sich: „Ist diese Person wichtig, was macht sie, was bedeuten die Streifen?" Hier ein paar Erklärungen:

Zunächst möchte ich mit dem Missverständnis aufräumen, dass nur Crew aus dem nautischen Bereich eine Uniform trägt. Auch Crewmitglieder aus den anderen Bereichen tragen Uniform. Wenn ich hier von Uniform spreche, dann meine ich die eigentlich immer weißen Hemden mit den Schulterklappen und den darauf befestigten Streifen. Doch nun zu den Positionen und der Anzahl an Streifen auf deren Schulter. Die Regel ist ganz einfach: Je mehr Streifen, desto höher ist der Rang. Neben den Streifen findet sich übrigens noch ein weiteres Symbol auf den Schulterklappen. Dies kann ein Stern für ein Besatzungsmitglied aus dem nautischen Bereich, ein Maschinenrad für einen Techniker, der Merkurstab für ein Crewmitglied aus dem Hotelbereich oder der Äskulapstab für den Schiffsarzt sein. Die genaue Gestaltung der Schulterklappen ist von Reederei zu Reederei unterschiedlich. Auch die verwendeten Farben. Meist sind die Abzeichen in Gold gehalten. Manche Reedereien verwenden aber zum Beispiel die goldenen Streifen nur für den nautischen Bereich, die Offiziere aus dem Hotelbereich tragen silberne Streifen.

KAPITÄN (4 STREIFEN)

Er ist in der Regel das einzige Besatzungsmitglied mit 4 vollen dicken Streifen auf den Schultern. Bei einigen Reedereien allerdings tragen auch die höchsten Offiziere der einzelnen Abteilungen (siehe oben) ebenfalls 4 Streifen. Bei der Rangbezeichnung Kapitän geht es im Übrigen nicht um die

Qualifikation ein Schiff führen zu dürfen. Der Staffkapitän und meist auch noch andere Offiziere an Bord haben ebenfalls das „Kapitänspatent". Dennoch tragen sie keine 4 vollen Streifen. Der Kapitän ist der Chef an Bord, er ist für das gesamte Schiff, die Besatzung und die Passagiere verantwortlich.

Schulterklappe eines Kapitän mit 4 Streifen

STAFFKAPITÄN (3,5 STREIFEN)

Der Staffkapitän ist sozusagen der zweite Mann an Bord und die Vertretung des Kapitäns. Auch er hat ein Kapitänspatent. Je nach Reederei übernimmt der Staffkapitän ebenfalls einige wichtige Aufgaben. So kann er zum Beispiel als eine Art „Personal-Vorstand" für die Crew verantwortlich sein. Oft ist die Position als Staffkapitän der letzte Schritt, bevor man selbst Kapitän wird.

Beispiel für 3,5 Steifen (Staffkapitän)

CHIEF-ENGINEER (MEIST 3,5 STREIFEN)

Oft hat der Chief-Engineer genauso wie der Kapitän seine Kabine direkt hinter der Brücke. Der eine backbord, der andere steuerbord. So wichtig ist diese Position. Er ist für die komplette Maschine und den Antrieb verantwortlich.

HR-MANAGER (3,5 STREIFEN)

Eine etwas schwierig zu definierende Position. Letztendlich übernimmt diese Position eine vermittelnde und verbindende Position zwischen der Schiffsführung und der Crew ein. Einerseits sorgt sie zum Beispiel durch Schulungen dafür, dass Verhaltensregeln bekannt gemacht und eingehalten werden. Andererseits tritt sie für die Interessen und Belange der Crew gegenüber der Schiffsführung ein. Sollte es zum Beispiel zu nötigen disziplinarischen Maßnahmen gegen ein Crewmitglied kommen, so vertritt sie dessen Interessen in diesem Prozess. Auch verfügt diese Position über 3,5 Streifen, um sozusagen über den meisten anderen Positionen stehen zu können.

GENERAL MANAGER (MEIST 3,5 STREIFEN)

Er ist für den gesamten Hotelbetrieb auf dem Schiff verantwortlich, deshalb nennt man ihn oft auch Hotel Manager. Bei anderen Reedereien wiederum existieren diese Positionen getrennt voneinander.

Die nun folgenden Positionen können bei den einzelnen Reedereien unter Umständen etwas anders heißen und auch mit verschiedenen Streifen bedacht worden sein, deshalb hier nur noch die meist verwendete Bezeichnung ohne den Rang.

SICHERHEITSOFFIZIER

Der Sicherheitsoffizier ist für die Sicherheit an Bord verantwortlich. Er führt Trainings, Übungen und Tests für die Crew durch und sorgt somit dafür, dass alle gesetzlichen Vorschriften und die Vorgaben der Reederei eingehalten werden. Er arrangiert unter Anderem die Wartung und Überprüfung der Brandmeldesysteme und Rettungsmittel.

SECURITY OFFICER

Am ehesten könnte man diese Position mit einem Polizeichef an Land vergleichen. Die Schiffssecurity ist mehr als das was wir an Land als Security kennen. Die Tätigkeit der Security fängt bereits beim Check-In der Passagiere und deren Kontrolle an. Ansonsten ist deren Aufgabe, für Ruhe und Ordnung an Bord zu sorgen. Diese Tätigkeit nimmt sie nicht nur im Passagierbereich, sondern auch im Crewbereich wahr.

KREUZFAHRTDIREKTOR

Der Kreuzfahrtdirektor ist für das gesamte Unterhaltungsprogramm an Bord verantwortlich. Nicht nur für die Shows im Theater, auch für Vorträge, Livemusik, Disk Jockey, und so weiter. Auf vielen Schiffen moderiert er auch die abendliche Show im Theater und erledigt Durchsagen über die Lautsprecheranlage.

PROVISION MASTER

Auf dem Land würde man diese Position vielleicht als „Lagerleitung" bezeichnen. Der Provision Master ist für den korrekten Ablauf des Loadings verantwortlich. Darüber hinaus sorgt er mit seinem Team für die sachgemäße Lagerung aller Bestände auf dem Schiff. In seiner Abteilung, der Provision wird alles auf dem Schiff gelagert, bis es die einzelnen Abteilungen bei ihm „bestellen". Erst dann wird die Ware zusammengestellt und in die einzelnen Abteilungen wie Bars, Küche, und so weiter gebracht.

BOOTSMANN

Der Bootsmann sorgt zusammen mit seinem Team dafür, dass der Schiffskörper immer in einem optimalen Zustand ist. Seine Leute sind es, die sie ständig beim Reinigen des Schiffsrumpfes vorfinden, die mit dem Pinsel gegen den Rost kämpfen und die Gangway an Landtagen vorbereiten.

PURSER

Im Deutschen: Zahlmeister. Damit können die meisten eher etwas anfangen. Auf den großen Schiffen gibt es in der Regel mehrere Purser. Der Purser verwaltet die Bordkasse und kümmert sich um alle behördlichen Belange, die bei den auf der Reise angelaufenen Häfen zu beachten und organisieren sind.

IT MANAGER

Eine immer wichtiger werdende Position auf einem Schiff. Alles, was irgendwie mit IT, Computern und Internet zu tun hat, fällt in seinen Aufgabenbereich.

MANAGER

Darüber hinaus gibt es noch jede Menge Manager verschiedenster Abteilungen auf dem Schiff. Meist haben diese zwei Streifen auf den Schultern. Nur einige Beispiele: F&B-, Shop-, Bar-, Restaurant-, Housekeeping-, Kasino-, Fotoshop-, SPA-, Kids Club -Manager und so weiter.

Abschließend möchte ich ihnen noch mit auf den Weg geben, dass eigentlich jede Position an Bord eines Schiffes wichtig ist. Nur durch das perfekte Zusammenspiel der gesamten Crew kann das entstehen, was Sie als Gast als perfektes Urlaubserlebnis geboten bekommen. Denken Sie bitte auch daran, wenn Sie während Ihrer Reise auch mit den ganz normalen Crewmitgliedern zu tun haben!

Die Reise geht zu Ende (Sie steigen ab!)

Irgendwann einmal geht auch die erste Kreuzfahrt zu Ende. Da hilft es nichts, dass Sie auf dem Weg zu Ihrer Kabine vielleicht ab und zu trotzdem noch in die falsche Richtung laufen oder, dass Sie selbst am Ende der Reise immer noch eine neue bisher unentdeckte Ecke auf dem Schiff finden. Bereits am Tag vor Ihrem Abstieg vom Schiff beginnt das Reiseende auf Etappen.

Die Abreise von einem Kreuzfahrtschiff ist ganz speziell geregelt und hat recht wenig mit dem Check-Out in einem Hotel zu tun. Manche Reedereien bieten eine Informationsveranstaltung, bei der alle wichtigen Details zum Abreisetag vermittelt werden, an. Diese sollten Sie unbedingt besuchen! Ansonsten werden alle Passagiere mit einem Informationsschreiben, das ihnen auf die Kabine geliefert wird, über das Abstiegs-Procedere informiert. Im Großen und Ganzen ist der Ablauf immer relativ gleich. Es gibt kleine Unterschiede von Reederei zu Reederei, deshalb ist die folgende Beschreibung eher als Orientierungshilfe zu sehen - damit Sie schon einmal wissen, worauf Sie sich einstellen können. Ich beziehe mich auf den Abreisetag am Ende einer Route als Gast auf einem der großen Schiffe im Massenmarkt.

Sollten Sie Ihre Bordrechnung in Bar begleichen, so wird meist schon am späten Vorabend des Abreisetags Ihr Bordkonto geschlossen. Das heißt, Sie erhalten das Restguthaben auf Ihrem Konto wieder in Bar zurück. Ich empfehle ihnen zuvor Ihre Bordrechnung, die oft am Abend vor der Abreise in Ihre Kabine geliefert wird oder im Bordportal ersichtlich ist, notfalls aber jederzeit an der Rezeption eingesehen werden kann, genau zu überprüfen. Noch sind Sie an Bord und haben bei evtl. aufkommenden Fragen und Problemen genau die richtigen Ansprechpartner vor sich, um die Angelegenheit zu klären. Mein Tipp: Sollte Ihr Schiff die Möglichkeit bieten, Ihr Bordkonto per Schiff-App oder Bord-TV in Echtzeit abzufragen, so würde ich dies täglich immer für den Vortag tun. Somit ersparen Sie sich eine mühsame Überprüfung am Ende der Reise. Bei manchen Reedereien werden ebenfalls die anderen Bordkonten bereits am späten Vorabend des Abreisetags abgerechnet, manchmal erfolgt die Endabrechnung auch erst nachdem Sie das Schiff letztmalig verlassen haben. Sollten Sie hierzu irgendwelche Fragen haben, dann ist die Rezeption die richtige Anlaufstelle. Aber in der Regel gilt: Auch hier schläft das Schiff nie. Die Abrechnung des Kontos erfolgt meist so spät, dass Sie ganz entspannt bis zur letzten Minute des letzten Abends auf dem Schiff die Bordkarte glühen lassen können.

Oft erhalten Sie ebenfalls neue Gepäckanhänger für Ihre Koffer. Am Abend haben Sie bis spät in die Nacht, meist sogar bis weit nach Mitternacht Zeit, Ihre gepackten Koffer mit den Gepäckanhängern versehen vor Ihre Kabinentüre zu stellen. Diese werden dann irgendwann in der Nacht von der Crew eingesammelt, am Morgen von Bord gebracht und im Terminalgebäude des Zielhafens fein säuberlich aufgereiht, um auf die Abholung durch Sie zu warten. Ihr Handgepäck nehmen Sie selbst mit von Bord. Bei diesem System müssen Sie unbedingt darauf achten, dass Sie alles Wichtige nicht in die Koffer packen, die Sie vor die Kabinentüre stellen. Diese sind, wie erwähnt, für die kommenden Stunden für Sie nicht mehr greifbar. Andererseits muss der letzte Rest, den Sie noch bei sich haben, auch in Ihr Handgepäckstück passen. Denken Sie also unbedingt an Ihre Medikamente, Wertsachen, Hygieneartikel, Kleidung und evtl. elektronische Artikel und entscheiden, was Sie bei sich haben müssen.

Ihr Bordkonto ist überprüft, Ihre Koffer mit den Gepäckanhängern stehen vor der Kabinentüre. Eigentlich ist Ihre Arbeit nun getan und Sie können die letzten Stunden an Bord genießen. Leider heißt es am nächsten Morgen bereits recht früh, dem Schiff adieu zu sagen. Sollten Sie ein An- und Abreisepakt bei der Reederei gebucht haben, so wurde ihnen bereits an einem der Vortage mitgeteilt, wann Sie von Bord gehen müssen und zum Flughafen gebracht werden. Reisen Sie individuell ab, so gibt es je nach Reederei entweder eine Endzeit für Ihre Kreuzfahrt, zum Beispiel 11 Uhr. Bis dahin müssen Sie spätestens das Schiff verlassen haben. Oder ihnen wird ein Zeitfenster zugewiesen, während dessen Sie von Bord gehen müssen. All das spielt sich eigentlich immer am Vormittag ab. Ihre Kabine müssen Sie auf den meisten Schiffen zwischen 8 und 9 Uhr räumen. Bis zum endgültigen Verlassen des Schiffs können Sie noch die öffentlichen Bordeinrichtungen nutzen. Manche Reedereien bieten ihren Gäste die Möglichkeit gegen ein Entgelt den letzten Tag an Bord zu verlängern. Das wäre vielleicht eine gute Lösung, wenn Ihr individueller Flug erst recht spät geht. Gäste mit An- und Abreisepaket dürfen ohnehin an Bord bleiben, bis Sie abgeholt werden. Aber spätestens vor dem Auslauf für die neue Reise ist Schluss und wie gesagt; ab spätestens 9 Uhr haben Sie keine eigene Kabine mehr an Bord.

Sollten Sie an einem anderen Hafen, als dem eigentlichen Endhafen der Reise absteigen, so werden Sie gesondert darüber informiert, wie sich Ihr letzter Reisetag gestalten wird. Der wohl größte Unterschied wird sein, dass Sie sich um Ihr Gepäck selbst kümmern müssen, das heißt Sie müssen es selbst von Ihrer Kabine aus von Bord bringen.

Meine ganz persönliche perfekte Kreuzfahrt

Ohne große Vorrede möchte ich ihnen abschließend noch beschreiben, wie meine perfekte Kreuzfahrt aussieht.

VORBEREITUNG

Meine Vorbereitung ist eher rudimentär. D.h. ich suche nicht sehr lange, bevor ich eine Reise buche. Für mich ist fast jedes Fahrgebiet, jede Route und jedes Schiff eine Reise wert. Letztendlich muss die Reisezeit und -dauer in meinen Terminkalender passen, der Preis muss für mich stimmen und ich muss in dem Moment Lust auf Fahrtgebiet, Route und Schiff haben - dann wird gebucht.

ANREISE

Ich reise immer individuell an. Zum Einen empfinde ich die Anreisepakete der Reedereien oft als recht teuer. Zum Anderen suche ich mir gerne selbst meine Flüge aus. Ich fliege nicht gerne sehr früh los, aber auch nicht zu spät. Geht der Flug zu früh, so muss ich meinen normalen Tagesablauf zu sehr abändern, indem ich mitten in der Nacht aufstehe. Das rächt sich für mich dann im Laufe des Tages, indem der Tag irgendwann recht früh endet, weil ich schlicht zu müde werde. Andererseits möchte ich am Ziel nicht mitten in der Nacht ankommen, deshalb vermeide ich späte Flüge. Außerdem gönne ich mir gerade bei längeren Flügen auch schon mal ein Business Class Ticket. Diese gibt es bei den Reedereien im Massenmarkt eigentlich nicht.

An den Aufstiegshafen reise ich gerne schon einen Tag früher an. Dort nehmen ich mir ein Hotel, erhole mich von der Anreise oder erkunde den Ort. Bei interessanten Orten reise ich auch gerne bereits einige Tage früher an.

AUFSTIEG

Den Aufstieg auf das Schiff versuche ich so zu gestalten, dass ich eine gute Mischung zwischen frühem Aufstieg und kurzer Wartezeit auf die Freigabe der Kabine hin bekomme. Ich mag es nicht, mit meinem Handgepäck stundenlang über das Schiff laufen zu müssen, da die Kabinen noch nicht freigegeben sind. Gleiches gilt für mein Gepäck. Ich mag es nicht, zwar schon die Kabine beziehen zu können, dann aber noch ewig auf das Gepäck warten zu müssen.

AN BORD

Nachdem ich auf dem Schiff angekommen bin, erkunde ich vor dem Ablegen das Schiff. Zunächst suche ich die für mich wichtigen Orte an Bord: Das Restaurant, in das ich an diesem Tag noch zum Essen gehen möchte, das Theater, das Fitnessstudio und die Außenbereiche stehen ebenfalls auf meiner Entdeckungsliste. Je nach Art und Weise, wie an Bord die Seenotrettungsübung durchgeführt wird, versuche ich diese ebenfalls so bald als möglich zu erledigen. Zu guter Letzt werden noch die Koffer ausgepackt und ein nettes Plätzchen gesucht, um von dort aus das Auslaufen beobachten zu können.

SEETAG

Die Art und Weise, wie ich meine Seetage verbringe, hängt sehr vom Schiff und dem darauf angebotenen Programm ab. Deshalb verzichte ich an dieser Stelle auf Details. Pool, Tanzkurs und Workshops sind für mich allerdings eher tabu. Ich gehe lieber auf dem Promenadendeck spazieren, nutze die Zeit auch gerne für ein Mittagsschläfchen, beobachte die anderen Passagiere oder suche mir ein ruhiges Plätzen, um etwas zu schreiben. Abends genieße ich nach dem Essen das Unterhaltungsprogramm im Theater und den Bars.

HAFENTAG

Weder buche ich die Ausflüge der Reederei noch unternehme ich in den Häfen großartige Exkursionen auf eigene Faust. Teilweise war ich schlicht schon zu oft dort und außerdem spaziere ich viel lieber durch den Hafenort und entdecke dort Geschäfte und Lokale. Nach wenigen Stunden bin ich meist auch schon wieder zurück auf dem Schiff. Vielleicht bleibe ich auch gleich an Bord und genieße das fast leere Schiff mit all seinen Annehmlichkeiten.

LIEBLINGSSCHIFF

Sie wissen bereits, dass ich kein Lieblingsfahrtgebiet habe. Auch bei der Frage nach einem Lieblingsschiff muss ich Sie leider enttäuschen. Bis jetzt konnte ich noch an jedem Schiff etwas finden, das mir gefallen hat und weshalb ich im Nachgang sagen konnte, dass sich die Reise gelohnt hat. Mit der Zeit entwickelt man ein Gespür dafür, welches Schiff für einen dann doch eher nicht geeignet ist. Dann lasse ich die Finger davon und sehe mich nach einer Alternative um. Ich bin auch nicht an eine Reederei gebunden. Ebenso kann ich kleinen Schiffen genauso etwas abgewinnen wie den großen.

Schlusswort

Herzlichen Glückwunsch! Sie haben es geschafft! Sie sind, zumindest auf dem Papier, kein Kreuzfahrtneuling mehr!

Es sieht so aus, als hätten Sie dieses Buch tatsächlich bis zum Ende gelesen. Vielen Dank dafür! Ich bin mir sicher, dass die Lektüre einige Ihrer Fragen beantworten konnte und, dass Sie nun einige Tipps auf dem Zettel haben. Vielleicht gab ihnen dieses Buch sogar ganz neue Impulse, an die Sie zuvor gar nicht gedacht hatten. Mir bleibt nur noch, ihnen eine wunderschöne Reise, eine fantastische erste Kreuzfahrt und viel Spaß an Bord zu wünschen.

Ich möchte mich an dieser Stelle auch bei all denjenigen bedanken, die mich bei der Entstehung dieses Buchs unterstützt haben. Eines der Feedbacks: Trau dich! Schreibe nicht so oft „kann", „unter Umständen", „meistens", und so weiter. Ja, es stimmt, ich verwende diese und ähnliche Formulierungen in diesem Buch recht häufig. Und ich kann das Feedback auch nachvollziehen. Gerade als Neuling hätten auch Sie sich vielleicht des Öfteren an der ein oder anderen Stelle konkretere Aussagen von mir erhofft. Der Grund, weswegen ich mich gegen die klaren Anweisungen und für die „kann" und „unter Umständen" Formulierungen entschieden habe ist schlicht der großen Vielfalt des Kreuzfahrtmarktes geschuldet. Natürlich kenne auch ich nicht alle Kreuzfahrtschiffe, ich war auch noch nicht in jedem Hafen und entdecke selbst ständig neue Dinge. Sogar ein Schiff, das ich vermeintlich kenne, weil ich auf ihm bereits mehrere Male gefahren bin, kann sich nach einer mehrjährigen Abstinenz völlig verändert haben. Sei es, das während eines Werftaufenthalts Modernisierungen stattfanden oder, dass die Crew plötzlich wesentlich besser oder auch schlechter geworden ist. Ich hoffe, nun können Sie meine Bedenken nachvollziehen.

Ebenfalls habe ich versucht, auf allzu viele Äußerungen und konkrete Tipps zu Reedereien und Schiffe zu verzichten. Ich wollte dieses Buch nicht zum Marktplatz meiner Vorlieben und Befindlichkeiten machen. Es soll auch keine Werbeplattform für die Reederei x oder das Schiff y sein. Wo nötig, habe ich diese erwähnt und als Beispiele angeführt. In der Regel werden Sie ohnehin auf die aufgeführten Beispiele bei Ihren Recherchen sehr schnell selbst stoßen.

Genauso wie sich die Kreuzfahrt ständig ändert und weiterentwickelt, werde auch ich dieses Buch ständig auf dem neusten Stand halten, ergänzen und überarbeiten. Ich lade Sie ein, Ihren Blick nach neuen Auflagen offen zu halten. Es lohnt sich bestimmt.

Teil 2

In Teil 2 finden Sie ein umfassendes und speziell auf die Bedürfnisse von Kreuzfahrt-Neulingen zugeschnittenes Kreuzfahrt ABC. Viele Begriffe aus Teil 1 werden hier noch einmal erklärt, aber auch dort nicht erwähnte, interessante und wichtige Wendungen finden Platz.

Die Erklärungen sind bewusst nicht hochwissenschaftlich, sondern eher unterhaltsam und für einen Kreuzfahrt-Neuling praxistauglich gehalten.

Dinge, die durch mehrere Begriffe definiert werden können, sind mit einem -> als Verweis zu dem meist verwendeten Begriff versehen. Dort finden Sie dann die entsprechende Erklärung.

Dieses Kreuzfahrt ABC erhebt nicht den Anspruch, absolut vollständig zu sein. Das kann es auch nicht. Es ging mir im Wesentlichen darum, für Kreuzfahrt-Neulinge einen Überblick zu schaffen, der es ihnen ermöglicht, sich während der Vorbereitungen als auch dann auf dem Schiff besser zurecht finden zu können.

Nehmen Sie das Buch inklusive dem Kreuzfahrt ABC also unbedingt mit auf Ihre Reise, um ggf. darin nachschlagen zu können.

Ablegen

In der Seemannssprache das Wort für wegfahren. Das Schiff verlässt mit diesem Manöver seinen Liegeplatz. Wenn Ihr Kreuzfahrtschiff um 18 Uhr ablegt, dann fährt es um diese Uhrzeit weg und verlässt den Pier beziehungsweise Hafen.

Absteigen

Genauso, wie Sie von einem Fahrrad oder Pferd absteigen, steigen Sie auch von einem Schiff ab. Die Formulierung „aussteigen" wird hingegen bei Schiffen nicht verwendet. „Das Crewmitglied steigt am 11.11. ab" bedeutet, dass es zu diesem Datum seine Tätigkeit auf dem Schiff beendet, absteigt und die Heimreise antritt.

Aft

-> *Heck*

AIDA

Eigentlich „AIDA Cruises – German Branch of Costa Crociere S.p.A." und somit sozusagen die deutsche Niederlassung von Costa, der bekannten Kreuzfahrtmarke aus Italien. Costa wiederum ist Teil der Carnival Corporation & plc, dem größten Kreuzfahrtunternehmen der Welt.

Wegen ihres Logos, dem „Kussmund" wird AIDA auch oft die „Kussmund-Reederei" genannt. Sie ist nach deren eigenen Angaben deutscher Marktführer. Anfänglich wurden die Schiffe von AIDA als Clubschiffe vermarktet. Hiervon ist man allerdings über die Jahre komplett abgekommen.

Mit der AIDAnova wird das zur Zeit größte Kreuzfahrtschiff auf dem deutschen Markt betrieben. Alle AIDA-Schiffe fahren unter italiensicher Flagge.

AIDA kann sich über eine sehr große Zahl extrem loyaler Vielfahrer freuen, die ihrer Marke eisern treu zur Seite stehen.

Alle Mann an Bord

Althergebrachte Redewendung, wenn es darum geht, dass alle Passagiere (Männlein wie Weiblein) bis zu einer bestimmten Uhrzeit an Bord zurück sein müssen. Oft heißt es für alle Passagiere eines Kreuzfahrtschiffes 30 Minuten vor dem Ablegen „Alle Mann an Bord", die Crew muss in der Regel bereits 1 Stunde vor dem Ablegen zurück an Bord sein.

An- und Abreisepaket

Jede Reederei bietet zur eigentlichen Kreuzfahrt ein An- und Abreisepaket an. Hierbei wird die An- und Abreise durch die Reederei organisiert. Bei Reedereien im Massenmarkt werden diese Pakete nur für die An- und Abreise per Flugzeug angeboten, oft ist hier auch der „Zug zum Flug" enthalten. Reedereien im Luxussegment bieten oft auch An- und Abreisepakete für kürzere Distanzen, dann meist per Bus an. Großer Vorteil dieser Pakete: Sollte es zu Verspätungen oder Verzögerungen bei der Anreise kommen, so kümmert sich die Reederei um Sie. Arrangieren Sie Ihre An- und Abreise selbst, so sind Sie dafür verantwortlich, rechtzeitig beim Kreuzfahrtschiff anzukommen.

Anlegen

Festmachen des Schiffes mit Tauen nach dessen Einlaufen in den Hafen. Anschließend kann die Gangway für den Abstieg vom Schiff vorbereitet werden. Siehe auch -> *Einlaufen*

auf See

Halten Sie sich auf dem Meer an Bord eines Schiffes auf, dann sind Sie „auf See".

Aufsteigen

Genauso wie bei einem Fahrrad oder Pferd steigen Sie auf ein Schiff auf. Wenn ein Crewmitglied am 11.11. aufsteigt, dann bedeutet dies, dass er an diesem Tag auf das Schiff kommt und dort seine Tätigkeit beginnt.

Ausflug

-> *Landausflug*

Auslaufen

-> *Ablegen*

Ausschiffung

Etwas von einem Schiff an Land bringen. Im Falle eines Kreuzfahrtschiffs werden die Passagiere ausgeschifft, das heißt von Bord an Land gebracht. Verlassen Sie das Schiff zum Ende Ihrer Reise, dann handelt es sich hierbei um Ihre Ausschiffung.

Außenbereich

Bereiche, die sich auf einem Kreuzfahrtschiff im Freien befinden, werden als Außenbereiche, Außendecks oder offene Bereiche bezeichnet. Dort findet man zum Beispiel Swimming- oder Whirlpools, Bars, Sitzbereiche von Restaurants, Liegenbereiche, Raucherzonen, Sportfelder oder einen Joggingpfad. Bei schlechter und rauher See oder sehr starkem Wind können diese Bereich teilweise oder komplett gesperrt werden.

Außendeck
-> *Außenbereich*

Außenkabine
Dieser Kabinentyp liegt an der Außenhaut des Schiffs und verfügt entweder über ein Fenster oder ein Bullauge, welches in der Regel allerdings nicht geöffnet werden kann. Durch das Fenster hat man eine visuelle Verbindung zur Außenwelt, bezahlt dafür aber noch einen relativ günstigen Preis. Diese Kabinen liegen bei neuen Schiffen auf den unteren Decks. Bei älteren Schiffen, die noch über gar keine oder nur sehr wenige Balkonkabinen verfügen, verteilt sich dieser Kabinentyp über das ganze Schiff.

Autobahn
-> *Highway*

Backbord

Dieser Begriff ist aus den Worten: bak = Rücken und Bord entstanden. Früher stand der Steuermann mit dem Rücken zur linken Schiffsseite auf der hinteren rechten Seite des Schiffs. Daraus entwickelte sich mit der Zeit das heutige Backbord.

Balkonkabine

Der beliebteste Kabinentyp auf neuen Kreuzfahrtschiffen. Die Kabinen liegen an der Außenhaut des Schiffs und verfügen über einen eigenen Balkon, der meist mit Sitzgelegenheiten, einem Tisch oder sogar Liegen ausgestattet ist. Auf manchen Schiffen darf man auf diesen Balkonen rauchen, auf anderen nicht. Auf alten Schiffen ist dieser Kabinentyp so gut wie nicht vorhanden. Erst in den 1990er Jahren hielten Balkonkabinen auf Kreuzfahrtschiffen des Massenmarkts Einzug.

Bedienrestaurant

Restauranttyp, in dem der Service am Platz erfolgt. Der Gast wählt die gewünschten Speisen aus der Karte, diese werden dann vom Kellner serviert. Auf Kreuzfahrtschiffen, die eher ein klassisches Konzept verfolgen, ist das Hauptrestaurant meist ein Bedienrestaurant. Teilweise werden dort feste Tische und Tischzeiten für die gesamte Reisedauer vergeben.

Berlitz Complete Guide to Cruising & Cruise Ships

Die jährlich von Berlitz in englischer Sprache herausgegebene „Cruiseliner-Bibel". Verantwortlich zeichnet der britische Schiffsbewerter Douglas Ward. Gerade die deutsche Reederei HapagLloyd verbindet mit dieser Publikation eine besondere Beziehung. Ihr Flaggschiff, die MS Europa war in den Jahren 2001-2012 als einziges Schiff mit der Bewertung 5- Sterne-plus gewürdigt worden und galt damit lange Jahre durchgehend als bestes Kreuzfahrtschiff der Welt.

Besatzung

Die Mannschaft eines größeren Fahrzeugs, zum Beispiel eines Schiffes bezeichnet man als Besatzung. Umgangssprachlich und auf die Wirtschaft an Land gemünzt, könnte man die Besatzung auch als Mitarbeiter bezeichnen.

Besatzungsmitglied
-> *Besatzung*

Bibliothek

Eine Bibliothek findet sich auf jedem Schiff in der ein oder anderen Form. Traditionell besteht diese aus einem separaten mit zahlreichen Büchern ausgestatteten Raum und bequemen Sitzgelegenheiten, um sich darin in die Lektüre vertiefen zu können. Es wird erwartet, dass dort Ruhe herrscht. Bücher können hier auch für die Dauer der Reise ausgeliehen werden. Auf modernen Schiffen besteht die Bibliothek unter Umstanden nur noch aus Bücherregalen in einem der öffentlichen Bereichen. Dort können Bücher für die Dauer der Reise entliehen und zum Beispiel auf der Liege oder der Kabine gelesen werden.

Bingo

Seit Ende der 20er Jahre des letzten Jahrhunderts gibt es das Bingo, wie wir es kennen. Es handelt sich hierbei um eine Form des Lotteriespiels. Gerade in Großbritannien, den Philippinen und den USA ist es besonders beliebt. Aber auch auf nahezu allen Kreuzfahrtschiffen gehört Bingo zum Unterhaltungsprogramm.

Bord

Ursprünglich wurde so der obere Rand eines Schiffes bezeichnet. Heute versteht man darunter das Innere beziehungsweise den Innenraum eines Schiffes.

Bordarzt

Je nach Schiffsgröße ein Arzt oder ein Team aus mehreren Ärzten, die sich um das gesundheitliche Wohl der Passagiere, aber auch das der Crewmitglieder kümmern. Ihr Haupteinsatzgebiet ist das Bordhospital. Selbst auf deutschen Schiffen kommt der Bordarzt oft nicht mehr aus dem deutschsprachigen Raum. Manchmal spricht er sogar nicht einmal mehr Deutsch. Er wird von Krankenschwestern und Pflegern unterstützt.

Bordfotograf

Auf jedem Schiff gibt es einen Bordfotografen, oft sogar ein Team aus mehreren Personen, die für Foto- und Videoaufnahmen zur Verfügung stehen. Bereits beim Check-In wird ihnen meist die Möglichkeit zu einem Willkommens-Foto angeboten. In aller Ruhe können Sie dann im Fotostudio an Bord auf manchen Schiffen noch analog auf Abzügen, auf anderen bereits digital auf Monitoren die von ihnen gewünschten Aufnahmen aussuchen und bestellen. Werden Sie fotografiert, so verpflichtet Sie das natürlich nicht zur Abnahme. Meist sind die Abzüge an Bord recht teuer.

Bordgalerie

Entweder in Eigenregie oder in Zusammenarbeit mit einer bekannten Galerie an Land werden die Galerien an Bord betrieben. Ihre Größe und Ausrichtung schwankt je nach Schiffskonzept. Auch die dort zum Kauf angebotenen Künstler und Kunstwerke. Meist werden von den Galerien im Verlauf einer Reise Kunstauktionen aus den Beständen der Bordgallerie veranstaltet.

Bordhospital

Nahezu komplett ausgestattete Notfall-Krankenstation eines Kreuzfahrtschiffes und Tätigkeitsbereich des Bordarztes und der ihn unterstützenden Fachkräfte wie Krankenschwestern und Pfleger. Es stehen zahlreiche Geräte für die Diagnostik und kleinere Eingriffe zur Verfügung, eine sehr gut ausgestattete Apotheke und Pflegebetten sind ebenfalls vorhanden. Die Behandlung im Bordhospital ist nicht im Reisepreis inkludiert und muss immer extra bezahlt werden. Die deutsche gesetzliche Krankenversicherung deckt dort geleistete Behandlungen nie ab. Der Abschluss einer Reisekrankenversicherung wird dringend empfohlen.

Bordkarte

Auf modernen Schiffen eine Plastikkarte im Kreditkartenformat. Sie dient zur Identifikation, als Zahlungsmittel und Kabinenschlüssel. Entweder befindet sich auf der Karte ein Magnetstreifen, ein Barcode oder ein NFC-Chip ist integriert. Die Karte sollte jeder Passagier an Bord ständig mit sich führen. Auf manchen Schiffen können Gäste Armbänder erwerben, die teilweise die Funktion der Bordkarte ersetzen oder es werden Medaillen angeboten, mit denen man sogar an Bord geortet werden kann. Auf älteren Schiffen können neben der oben beschriebenen Bordkarte noch Lochkarten als Kabinenschlüssel zum Einsatz kommen.

Bordkonto

All Ihre Zahlungen an Bord laufen über dieses virtuelle Konto. Egal ob Speisen und Getränke, Einkäufe im Bordshop, Ausflüge oder Spa- und Wellnessanwendungen werden hier erfasst und abgerechnet. Beglichen wird das Bordkonto entweder mit der im Vorfeld oder zu Reisebeginn angegebenen Kreditkarte oder mittels Bareinzahlungen an Automaten oder der Rezeption zu Reisebeginn.

Bordprogramm
-> *Tagesprogramm*

Bordshop

Entweder von der Reederei selbst oder einem Konzessionier betrieben, bieten die Bordshops je nach Größe in einem oder mehreren Geschäften Waren aus den Bereichen Duty Free, Merchandising, Süßwaren, Reiseartikel, Textil, Lederwaren, Bekleidung, Parfümerie, Kosmetik, Schmuck und Juwelier an. Das Sortiment richtet sich stark nach der Zielgruppe des Schiffs. Zollfreigrenzen sind unbedingt zu beachten, da ansonsten bei der Einfuhr der Einkäufe in Ihr Heimatland Einfuhrumsatzsteuer zu entrichten ist.

Bordsprache

Auf jedem Schiff gibt es meist eine, manchmal aber auch mehrere Bordsprachen. In dieser Sprache sind alle Gästeinformationen abgefasst und die Gästekommunikation erfolgt hierüber. Dies bedeutet allerdings nicht, dass alle Crewmitglieder die Bordsprache perfekt beherrschen und in Ausnahmefällen nicht noch mehr Sprachen an Bord für die Gästekommunikation verwendet werden.

Bordwährung

In dieser Währung werden alle Preise an Bord angegeben und Ihr Bordkonto abgerechnet. Sollten Sie Ihr Bordkonto in Bar begleichen wollen, so sollten Sie vor Reisebeginn abgleichen, ob Ihre Währung an Bord akzeptiert wird. Bei Zahlung per Kreditkarte können Fremdwährungsgebühren anfallen.

Brücke

Aus dem Wörterbuch: Auf Schiffen meist in der Mitte befindliche Deckaufbauten für die Schiffsführung.

Auf modernen Kreuzfahrtschiffen befindet sich die (Kommando)Brücke immer in einem der oberen Decks am Bug des Schiffes. Die Brücke reicht über die gesamte Schiffsbreite. Auf beiden Seiten verfügt sie jeweils über eine Nock. Traditionell im Vier-Stunden-Wechsel wird das Schiff von hier aus vom nautischen Wachoffizier geführt. Der Begriff kommt aus der Zeit der Raddampfer, als zwischen den beiden Radkästen ein Steg – eben eine Brücke – gebaut wurde. Dort stand der Schiffsführer.

BRZ (Brutto-Raum-Zahl)

Die Brutto-Raum-Zahl (BRZ), engl. Gross-Tonnage (GT), früher auch Bruttoregistertonne (BRT) ist eine dimensionslose Zahl, in der heutzutage die Größe eines Schiffes angegeben wird. Die BRZ wird auch als Grundlage für die Berechnung diverser Gebühren verwendet. Hierzu zählen zum Beispiel die Hafengebühr oder die Kosten für den Lotsen. Die Variable V ist ein wichtiger Teil in der Formel zur Berechnung der BRZ. Sie beschreibt das Volumen aller geschlossenen Räume vom Kiel bis zum Schornstein.

Buffetrestaurant

Restaurant mit Selbstbedienung. Je nach Schiffskonzept ist es als Ergänzung zum (Haupt)Bedienrestaurant oder als Hauptrestaurant konzipiert. Dieses Restaurant ist sehr oft im Reisepreis inkludiert. In der Regel mit längeren Öffnungszeiten und lockerem Dresscode als die Bedienrestaurants an Bord.

Bug

Der Bug ist das meist strömungsgünstig geformte Vorderteil eines Schiffs oder Boots. Wenn ein Seemann sagt: „Am Bug!" Dann meint er damit „Vorne!". Beispiel: Der Theater befindet sich „am Bug" des Schiffes. - Das Theater befindet sich im „vorderen" Teil des Schiffes.

Cabin
-> *Kabine*

Captain
-> *Kapitän*

Casino
-> *Kasino*

Chefingenieur
Auch Leitender Ingenieur oder engl. Chef Engineer genannt. Er ist verantwortlich für den vorschriftsgemäßen, sicheren und effizienten Betrieb der Maschinenanlage und sämtlicher Hilfsaggregate an Bord. Er ist Vorgesetzter für alle Crewmitglieder aus dem Maschinen-Department. Auf einem Kreuzfahrtschiff handelt es sich um eine der ranghöchsten Positionen.

Containerhafen
Aus dem Lexikon: Ein Containerhafen ist eine Anlage, an der Container zwischen unterschiedlichen Transportmitteln umgeschlagen werden. Eigentlich sind Kreuzfahrtschiffe dort eher Fremdkörper. Aber mangels anderer Alternativen, und aus Kostengründen legen viele Schiffe aus dem Massenmarkt in Containerhäfen an. Entsprechend schlecht ist dort allerdings die Infrastruktur für Kreuzfahrtgäste. Meist sind diese Häfen sehr weitläufig, man darf dort nicht zu Fuß umherlaufen und sie sind recht oft weit ab der Sehenswürdigkeiten.

Costa
Genau: Costa Crociere S.p.A., ein italienisches Kreuzfahrtunternehmen mit Sitz in Genua. Das Unternehmen ist eine der vier operativen Gesellschaften der Carnival Corporation & plc. Über sie betreibt der Weltmarktführer für Kreuzfahrten neben den Costa Kreuzfahrten auch die Schiffe der Marke AIDA Cruises.

Die Ursprünge des Unternehmens gehen in das Jahr 1854 zurück. Damals wurde es als Handelsunternehmen für Olivenöl gegründet.

Interessant ist ebenso, dass der Eindruck entstehen könnte, dass es ungleich mehr Costa- als AIDA Schiffe gibt. Dem ist allerdings nicht so. Beide Reedereien liegen, was die Anzahl der Schiffe angeht, in etwa gleich auf.

Crew

Englisch für Besatzung. Dieser Begriff wird auch von der Crew selbst deutlich öfter als das Wort Besatzung verwendet.

Crew-Wellfare-Fund

Im weitesten Sinne als Interessenvertretung von Schiffscrews zu verstehen. Neben seiner globalen Tätigkeit, in deren Rahmen er sich zum Beispiel für bessere Arbeitsbedingungen und gerechte Bezahlung einsetzt, findet sich auch auf jedem Schiff ein eigener Crew-Wellfare-Fund, der durch gewählte Crewmitglieder repräsentiert wird. Er erhält in der Regel auch die nicht personalisierten Trinkgelder einer Reise. Diese Einnahmen werden oft für Crew-Events verwendet. Zum Beispiel veranstaltet der Crew-Wellfare-Fund Tombolas mit sehr wertigen Preisen wie Elektronikartikel oder es werden Ausflüge für die Crew organisiert.

Crewbar

Eine Art Gruppen- oder Gemeinschaftsraum im Crewbereich eines Kreuzfahrtschiffs. Meist ausgestattet mit einer Bar und Soundanlage. In der Regel wird dieser Raum für abendliche Veranstaltungen, wie Crew-Disko oder Feiern verwendet. Einer der Haupttreffpunkte der Crew.

Crewbereich

Überwiegend die unter den Passagierdecks liegenden Decks auf einem Kreuzfahrtschiff. Es gibt aber auch sonst über das ganze Schiff verteilte Crewbereiche, zu denen Passagiere keinen Zugang haben. Es handelt sich um Gemeinschafts- und Unterkunftsbereiche für die Crew, aber auch um Arbeits- und Maschinenbereiche. An den Türen im Passagierbereich findet man oft Hinweisschilder „Crew only", dort geht es in den Crewbereich.

Crewmesse
-> *Crewmess*

Crewmess

Speisesaal für die Crew und meist von früh Morgens bis spät in die Nacht in Betrieb. Oft gibt es neben der Crewmess auch noch eine Offiziersmesse, in der nur die Offiziere und analog dazu eine Unteroffiziersmesse oder Staffmesse, in der nur die Unteroffiziere und einige authorisierte Crewmitglieder speisen dürfen.

Crewmitglied

Teil der Schiffsmannschaft - eine auf einem Kreuzfahrtschiff tätige Person.

Deck

Aus dem Wörterbuch: Waagerechte Fläche, die den Rumpf von Wasserfahrzeugen nach oben hin abschließt.

Was bei einem Haus als Stockwerk bezeichnet wird, nennt man in der Seefahrt Deck. Oft wird bei der Nummerierung der Decks die Nummer 13 ausgelassen, da es sich hierbei um eine Unglücksnummer handelt. Wiederum bei Schiffen für den asiatischen Markt gibt es aus dem selben Grund kein Deck 17. Auf Kreuzfahrtschiffen gibt es Passagierdecks und Crewdecks. Für manche Decks haben sich spezielle Bezeichnungen eingebürgert. So gibt es zum Beispiel auf fast allen Schiffen ein Pooldeck (dort befindet sich der Pool) oder ein Promenadendeck (auf dem man meist einmal ums Schiff laufen kann).

Deckplan

Schematische Darstellung der Decks eines Schiffes. Die Reedereien bieten diese sehr übersichtlich gestaltete Orientierungsmöglichkeit auf deren Webseiten für jedes Schiff an. So kann genau die Lage der einzelnen Schiffseinrichtungen und Kabinen herausgefunden werden. Aber auch auf dem Schiff selbst helfen die Deckpläne beim Zurechtfinden. Meist sind diese in den Treppenhäusern zu finden.

Department

Englisch für Abteilung. Wenn also ein Crewmitglied ihnen von seinem Department erzählt, dann spricht es von seiner Abteilung.

Drill

Aus dem Wörterbuch: Mechanisches Einüben von Fertigkeiten.

Die Seenotrettungsübung auf dem Schiff ist auch ein Drill, ein so genannter PAX-Drill. Daneben gibt es diverse Crew-Drills. Letztendlich bedeutet das englische Wort Drill im Deutschen nichts anderes als Übung. Wenn also ein Crewmitglied davon spricht, dass es heute noch an einem Drill teilnimmt, dann meint es damit eine Übung.

Duty Free

Alle Waren, die in den Bordshops eines Schiffes angeboten werden, sind zollfrei und steuerfrei. Das bedeutet, dass in dem Betrag, den Sie bezahlen, keine Mehrwertsteuer und andere Abgaben, wie zum Beispiel die Tabaksteuer enthalten sind. Diese Zollfreiheit ist auch der Grund dafür, dass die Bordshops in den meisten Häfen nicht geöffnet sein dürfen. Ebenfalls bedeutet dies, dass Sie bei der Rückkehr in Ihr Heimatland bei Überschreitung der Zollfreigrenze die auf Ihrer Reise gekauften Waren (inklusive der an Land erworbenen) verzollen müssen. Informieren Sie sich im Vorfeld Ihrer Reise! Der Begriff Duty Free ist in der Zwischenzeit recht verwässert. Er wurde von manchen Anbietern auch durch neu geschaffene Begriffe ersetzt. So verwenden die Gebr. Heinemann, einer der Big Player im internationalen Duty Free Markt, in ihren Shops an Flughäfen und auf Schiffen den Begriff „Travel Value".

Trotz Zoll- und Steuerfreiheit lohnt es sich, gerade im Hinblick auf die eventuell im Heimatland anfallende Einfuhrumsatzsteuer die Preise in den Duty Free Shops mit den Landpreisen zu vergleichen.

Einlaufen

Aus dem Lexikon: Das Einlaufen, auch Anlegemanöver genannt, ist ein seemännisches Manöver, bei dem ein Wasserfahrzeug einen Liegeplatz ansteuert, um dort festzumachen. Das Manöver unterteilt sich in drei Phasen. Nach der Planung, in die Überlegungen zur Anlegestelle, dem Wind, der Strömung und eventueller Fremdhilfe einfließen, geschieht die geordnete und gegebenenfalls geleitete Ausführung des Manövers. Zuletzt wird das eigentliche Festmachen durchgeführt.

Expeditionsschiff

Hierbei handelt es sich meist um kleinere Schiffe, die unter Umständen speziell für bestimmte Fahrtgebiete konstruiert wurden. So sind Expeditionsschiffe, die in die Arktis oder Antarktis fahren mit verstärktem Bug und Rumpf ausgestattet, so dass sie bestimmten, sogenannten Eisklassen entsprechen und für die Fahrten in diesen Regionen geeignet sind.

Auf Expeditionsschiffen liegt der Fokus eher auf Natur und Kultur. Das Angebot reicht von der Mittel- bis zur Luxusklasse. Reisen mit Expeditionsschiffen sind verglichen mit anderen Kreuzfahrten meist teurer.

Fahrtgebiet

Die Bezeichnung hierfür kann variieren, aber jede Reederei teilt die von ihr angebotenen Routen der besseren Übersicht halber in Fahrtgebiete ein. Auch hier können die Bezeichnungen letztendlich unterschiedlich sein. Meist handelt es ich um grobe geografische Gebiete, wie z.b. Karibik, Mittelmeer oder Ostsee, und so weiter.

formaler Abend

Früher fester Bestandteil einer Kreuzfahrt findet man diese Veranstaltung nur noch selten auf Schiffen. In erster Linie auf luxuriöseren Kreuzfahrten ist dieser allerdings auch heute noch fester Programmbestandteil, dann meist in Form eines Galaabends oder Galadinners, dann auch oft mit Kapitänsempfang. Die Küche bereitet für diesen Anlass ein spezielles Menü zu. Von den Gästen wird angemessene formale Kleidung erwartet: Die Damen tragen Abendkleid und die Herren einen Anzug.

Front

-> *Bug*

Galaabend
-> *Galadinner*

Galadinner
Ein Galadinner ist im Wesentlichen ein festlicher Anlass. Es ist ein besonders feierliches Abendessen mit einer grösseren Anzahl an Gästen. Ein Galadinner umfasst meist einen formellen Empfang, auf einem Kreuzfahrtschiff meist durch den Kapitän und ein Abendessen im Sitzen über mehrere Gänge. Teilweise steht der Abend unter einem speziellen Motto.

Von Frauen verlangt die Gala-Etikette ein Abendkleid in gedeckten Farben, elegante Schuhe mit Absätzen, eine kleine Clutch-Bag und das Tragen von Schmuck. Herren tragen zumindest einen dunklen Anzug mit Krawatte oder Fliege. Wird für das Galadinner ein Dresscode vorgegeben, sollte dieser eingehalten werden.

Galley
Aus dem Englischen, bedeutet es Bordküche. Die meisten modernen Kreuzfahrtschiffe sind so konstruiert, dass es zentral auf dem Schiff eine große Galley gibt, die strategisch so gut liegt, dass von ihr mehrere Restaurants, z.B. das Haupt- und Buffetrestaurant, versorgt werden können. Darüber hinaus gibt es auch noch eine eigene Galley für die Crewmess und kleinere Küchen für die Spezialitätenrestaurants an Bord.

Gangway
Aus dem Wörterbuch: Einem Steg oder einer Treppe ähnliche Vorrichtung, die an ein Schiff herangeschoben wird, damit die Passagiere ein- und aussteigen können.

Moderne Kreuzfahrtschiffe bieten mehre Stellen, an denen die Gangway angebracht werden kann. Diese können auf unterschiedlichen Decks und dort an unterschiedlichen Positionen (z.B. Bug, Mittschiffs oder am Heck) sein. Die Gangway kann eine vom Schiff bereitgestellte einfache Brücke sein, aber auch ein klimatisierter Finger, ähnlich der Gangway am Flughafen. Dazwischen gibt es die verschiedensten Varianten.

General Emergency Signal
Das Signal besteht aus sieben kurzen Tönen, gefolgt von einem langen Ton, welche vom schiffsinternen Alarmsystems über die Lautsprecheranlage wiedergegeben werden. Innerhalb von 24 Stunden nach Einschiffung muss von der Besatzung eine für alle Passagiere verpflichtende meist als See-

notrettungsübung bezeichnete Übung durchgeführt werden, in deren Rahmen auch das General Emergency Signal zu Übungszwecken ertönt. Dieses Signal ist das einzige, welches für die Passagiere in einem Notfall von Belang ist.

Das Übereinkommen zum Schutz des menschlichen Lebens auf See (SOLAS) schreibt in der Vorschrift für Lebensrettungsgeräte (LSA) genau vor, welchen Anforderungen das General Emergency Signal genügen muss. Seit der Havarie der Costa Concordia, die bereits innerhalb des gesetzlich vorgeschriebenen 24-Stunden- Zeitraums kenterte, wird die Seenotrettungsübung jetzt überwiegend vor dem Ablegemanöver durchgeführt.

Getränkepaket

Meist sind die Getränke auf einem Kreuzfahrtschiff nicht im Reisepreis enthalten und müssen separat bezahlt werden. Eigentlich alle Reedereien im Massenmarkt bieten ihren Gästen Getränkepakete in verschiedenen Ausführungen an. Je nach Umfang beinalten diese beispielsweise alkoholfreie Kalt- und Heißgetränke, im nächsten Paket kommen noch Weine und Biere hinzu und im größten Paket sind darüber hinaus noch Spirituosen enthalten. Hierfür bezahlt der Gast pro Reisetag einen pauschalen Betrag. Die Buchung ist nur für alle Gäste einer Kabine und oft nur für die gesamte Reise möglich. Es ist genau zu überlegen, ob sich ein Getränkepaket rechnet.

Glückskabine

Sie wählen bei Ihrer Buchung die Kabinenkategorie und die Reederei teilt ihnen vor Reisebeginn die genaue Kabinennummer zu. Im Gegenzug dazu sind diese Glückskabinen günstiger. Sie sparen dadurch Geld, indem Sie nicht selbst eine konkrete Kabine auswählen können.

GT (Gross Tonnage)
-> *BRZ*

Hafen

Bedeutet dem Wortursprung nach „Gefäß, Behältnis". In der Seefahrt eine eingefasste, befestigte Anlegestelle. Heutzutage natürlich für eine Vielzahl von Schiffen und mit der entsprechenden Infrastruktur ausgestattet.

Hafengebühr

Wenn man so will die Parkgebühr für ein Schiff, welches in einem Hafen festmacht. Die Hafengebühren werden nach der Brutto-Raum-Zahl (BRZ) berechnet. Für mittelgroße Kreuzfahrtschiffe liegen die Hafengebühren in den meisten Häfen pro Aufenthalt im fünfstelligen Bereich. Zu den teuersten Häfen gehören zum Beispiel Sydney oder die Metropolen in den USA, dort belaufen sich die Hafengebühren mitunter auf über 100.000 Dollar. Zu den reinen Hafengebühren, auch Liegeplatzgebühren genannt, addieren sich noch weitere Ausgaben wie zum Beispiel die für den Lotsen, Schlepper oder Hafenagenten.

Hafentag

Zeitraum, den das Kreuzfahrtschiff im Hafen verbringt. Meist werden in dieser Zeit eine Vielzahl von Ausflügen angeboten oder die Passagiere gehen auf individuelle Landgänge. Das Schiff selbst ist an diesen Tagen immer recht leer und bietet das ideale Umfeld, um einen ruhigen Tag an Bord zu genießen.

Hapag Lloyd

Aus dem Lexikon: Hapag-Lloyd Cruises ist seit 2008 ein Geschäftsbereich des Kreuzfahrtunternehmens TUI Cruises mit Sitz in Hamburg. Mit einer Flotte von insgesamt fünf Schiffen hat sich die Unternehmung auf die Marktsegmente Expeditionskreuzfahrten und Yacht- Kreuzfahrten im Premiumsegment spezialisiert. Es werden auch „Kreuzflüge" mit einem Privatjet organisiert.

Ende des 19 Jahrhunderts war es Hapag Lloyd unter der damaligen Firmierung HAPAG und deren Geschäftsführer Albert Ballin, welche den Grundstein für die moderne Kreuzfahrtindustrie gelegt hat.

Bemerkenswert ist ebenfalls, dass die MS Europa von Hapag Lloyd im Berlitz Cruise Guide in den Jahren 2001–2012 als einziges Schiff die Bewertung 5- Sterne-plus erhalten hat und damit als bestes Kreuzfahrtschiff der Welt galt.

Heck

Aus dem Wörterbuch: Umzäunung; der Platz des Steuermanns auf dem hinteren Oberteil des Schiffes war früher zum Schutz gegen überkommende Wellen mit einem Gitter umgeben.
Heute bezeichnet man in der Seefahrt den hinteren Teil eines Schiffes als Heck.

Highway

Die Lebensader auf dem Hauptdeck des Crewbereichs. Es handelt sich um einen breiten Gang, der fast komplett vom Bug bis zum Heck des Schiffs einmal durch das Schiff verläuft. Von ihm aus gelangt man in die meisten Einrichtungen des Crewbereichs. Ebenso liegen die wichtigsten Einrichtungen des Crewbereichs dort.

Hinten
-> *Heck*

Housekeeping

Aus dem Englischen für Hauswirtschaft oder Haushaltsführung. In der Hotellerie wird so die Abteilung bezeichnet, die sich um die Reinigung der Anlage kümmert. Auch um die tägliche Reinigung der Zimmer, beziehungsweise der Kabinen auf einem Kreuzfahrtschiff. Hier wird die Reinigung vom so genannten Kabinensteward durchgeführt.

Indienststellung
Zeitpunkt, zu dem ein Schiff seinen regulären bestimmungsgemäßen Dienst aufnimmt. Für ein Kreuzfahrtschiff beginnt mit der Indienststellung und den ersten Reisen ein Lebenszyklus, der in der Regel 40 Jahre dauert.

Innenbereich
Alle Bereich im Inneren des Schiffskörpers.

Innenkabine
Der günstigste Kabinentyp auf einem Kreuzfahrtschiff. Sie verfügt über kein Fenster und liegt im Inneren des Schiffs. Diesen Kabinentyp findet man auf allen Passagierdecks.

internationale Gewässer
Seit dem 17. Jahrhundert galt der Teil der Weltmeere, der außerhalb einer Dreimeilenzone lag, als internationales Gewässer. Ende des 20. Jahrhunderts wurde die Küstenmeerbreite auf zwölf Seemeilen ausgedehnt. Jenseits einer 200-Meilen-Zone beginnt die Hohe See. Jenseits dieser Bereiche darf kein Staat den Anspruch erheben, dortige Meereszonen der ausschließlichen Wirtschaftszone seiner Souveränität zu unterstellen.

Juniorsuite -> *Suite*

Kabine

Aus dem Lexikon: Der Begriff Kabine bezeichnet einen umschlossenen Raum zum (vorübergehenden) Aufenthalt von Personen. An Land würde man Zimmer dazu sagen.

Kabinenart

-> Kabinenkategorie

Kabinenkategorie

Jedes Kreuzfahrtschiff bietet eine Vielzahl unterschiedlicher Kabinenkategorien. Nicht nur die bekannte Unterteilung in Innen-, Außen-, Balkonkabinen und Suiten, sondern auch die weiterführende Unterteilung in Kabinen mit zum Beispiel Sichtbeeinträchtigungen und verschiedener Ausstattung ermöglichen die Auswahl unter mehren Dutzend Kabinenkategorien.

Kabinentyp

-> Kabinenkategorie

Kapitän

Aus dem Lexikon: Jedes Wasserfahrzeug hat einen einzigen verantwortlichen Kapitän (Schiffsführer). Insbesondere auf großen Schiffen liegen eine Vielzahl nautischer, technischer und kaufmännischer Aufgaben und Verantwortlichkeiten in seiner Hand. In erster Linie trägt der Kapitän die Verantwortung für das Schiff als solches, sowie für seine Teilnahme am Verkehr und an technischen Prozessen. Auch für die Navigation und die Sicherheit an Bord zeichnet er verantwortlich. Seine nächsten untergebenen Mitarbeiter sind der Chefingenieur und der Staff Kapitän. Als Betriebsleiter ist der Schiffsführer für die Besatzung und die Arbeitsorganisation, als Personenbeförderer für die Passagiere verantwortlich. Als „Hausherr" auf dem Schiff besitzt der Schiffsführer die Bordgewalt.

Der Kapitän wird vom Reeder bestellt und muss Inhaber eines staatlichen Befähigungszeugnisses sein („Kapitänspatent").

Kapitänspatent

Die umgangssprachlich als Kapitänspatent bezeichnete Befähigung ein Schiff führen zu dürfen ist eigentlich eine staatliche Bescheinigung, ein Schiff führen zu dürfen (Befähigungszeugnis). Es gibt große Unterschiede, je nach Land und Schiffsart.

Jeder Kapitän eines Kreuzfahrtschiffes braucht dieses Befähigungszeugnis. Neben dem Kapitän und dem Staff Kapitän haben dies meist auch noch andere Offiziere an Bord.

Kasino

Genauso wie Kasinos und Spielbanken an Land bieten Kasinos an Bord von Kreuzfahrtschiffen verschiedene Spieltische und Automaten an. Die Größe und Ausstattung der Kasinos variiert sehr stark. Angefangen bei kleinen Lounges mit automatisierten Spieltischen und einigen Spielautomaten bis hin zu recht großen Räumlichkeiten mit einer Vielzahl an Croupiers wird alles geboten. Genauso wie an Land ist der Zutritt und das Spielen an ein Mindestalter geknüpft. Es gilt, im Gegensatz dazu aber kein Dresscode. Viele Kasinos auf Schiffen limitieren den maximalen täglichen Einsatz, dieses Limit kann allerdings auf Wunsch des Spielers erhöht werden. Bezahlt wird, wie überall auf dem Schiff, mit der Bordkarte. Die Kasinos an Bord dürfen erst öffnen, sobald das Schiff die internationalen Gewässer erreicht hat.

Knoten

Seefahrer messen die Geschwindigkeit ihrer Schiffe in Knoten. Ein Knoten entspricht dabei einer Seemeile pro Stunde. Eine Seemeile entspricht exakt 1852 Metern. Die Bezeichnung leitet sich aus den Knoten her, die in die Leine des so genannten Logscheits gemacht werden, um bestimmte Abstände zu markieren.

Moderne Kreuzfahrtschiffe erreichen meist eine Höchstgeschwindigkeit von um die 20 Knoten, also etwa 37km/h.

Kreuzfahrtindustrie

Neben den Reedereien, gehören noch eine Vielzahl von anderen Unternehmen zur Kreuzfahrtindustrie. Angefangen bei Werften und Schiffsausstattern, über Dienstleiter, die den Hotelbetrieb von Schiffen unterhalten, Agenturen für Schiffsentertainment und vielen weiteren Unternehmen, die sich auf den Kreuzfahrtmarkt spezialisiert haben.

Die Kreuzfahrtindustrie erreichte in den letzten Jahren ständig neue Höchstwerte was die Passagieranzahl und den Umsatz angeht. Auch die Anzahl von Kreuzfahrtschiffen wuchs über die letzten Jahre stetig.

Kreuzfahrtmarkt

-> *Kreuzfahrtindustrie*

Kreuzfahrtschiff

Aus dem Lexikon: Ein Kreuzfahrtschiff ist ein Passagierschiff, dessen Aufgabe nicht die Beförderungsleistung von einem Hafen zu einem anderen, sondern die Reise (Kreuzfahrt) an sich ist. In der Regel werden mehrere touristisch interessante Ziele einer Region oder eines Seegebiets in einem bestimmten Zeitraum planmäßig angelaufen.

Kreuzfahrtterminal

Ein speziell für die Abfertigung von Kreuzfahrtschiffen gestalteter Terminal innerhalb einer Hafenanlage. Dort werden nicht nur öffentliche Bereiche zur Passagierabfertigung für deren Ein- und Ausschiffung angeboten, sondern auch Infrastruktureinrichtungen zum Beispiel zur Gepäckabfertigung und dem Be- und Entladen von Kreuzfahrtschiffen. In vielen großen populären Kreuzfahrthäfen wurden in den vergangenen Jahren spezielle Kreuzfahrtterminals geschaffen.

Landausflug

Von der Reederei für um den jeweiligen Hafen gelegene Sehenswürdigkeiten angebotene organisierte, meist in Gruppen durchgeführte Ausflüge. Die Ausflüge werden von vor Ort ansässigen Agenturen ausgeführt. Das Angebot ist oft sowohl was die Ziele, die Dauer, den Schwierigkeitsgrad und den Preis angeht, sehr vielfältig.

Darüber hinaus können Landausflüge auch von den Passagieren im Vorfeld selbst bei Agenturen an Land gebucht werden. Oder Sie organisieren Ihren Landausflug komplett selbst.

Landgang

Wenn ein Crewmitglied oder Passagier ein im Hafen liegendes Schiff verlässt, um für eine gewissen Zeit an Land zu gehen, spricht man von einem Landgang. Dem entgegen steht das Absteigen beziehungsweise Ausschiffen für das dauerhafte Verlassen des Schiffes.

Landtag
-> Hafentag

Liegeplatz

Aus dem Lexikon: Bezeichnet im Schifffahrtswesen eine Stelle im Hafen oder am Ufer, an der Wasserfahrzeuge vorübergehend oder dauerhaft verankert sind oder festgemacht haben.

Für die Passagiere eines Kreuzfahrtschiffes ist, gerade bei einem Landgang auf eigene Faust, besonders wichtig, für eine sichere Rückkehr die genaue Bezeichnung des Liegeplatzes zu wissen.

Liegezeit

Aus dem Lexikon: Als Liegezeit (englisch laytime) wird in der Schifffahrt allgemein der Zeitraum verstanden, den Wasserfahrzeuge im Hafen verbringen.

Die Liegezeit im jeweiligen Hafen ist eines der Unterscheidungsmerkmale zwischen Schiffen im Massenmarkt und dem Luxussegment. Meist liegen die Schiffe aus dem Luxussegment wesentlich länger im Hafen. An die Liegezeiten haben sich Passagiere strikt zu halten. Allerspätestens zum Liegezeitende heißt es: „Alle Mann an Bord!".

linke Schiffsseite
-> *Backbord*

Loading

Das Beladen eines Kreuzfahrtschiffs wird als Loading bezeichnet. Um eine gleichbleibende Qualität der Waren an Bord sicherzustellen, sowie aus logistischen Gründen, beliefern Reedereien ihre Schiffe in der Regel vom Heimatland aus. Ausnahmen bilden Obst und Gemüse sowie wichtige Produkte, deren Lagerbestand an Bord nicht mehr bis zum nächsten Loading ausreicht. Diese werden vor Ort bei lokalen Händlern geordert.

Die Lieferung zum Schiff erfolgt je nach Erreichbarkeit entweder mit LKW oder in Containern per Schiff. In festgelegten Häfen erfolgt dann das Loading. Je nach Schiffsgröße können hierbei mehrere Dutzend Schiffscontainer an Waren verladen werden. Meist nimmt das Loading den ganzen Tag in Anspruch. Die Waren werden palettenweise mit Gabelstaplern aus den Containern durch eine Luke in das Schiff gestellt. Dort werden die Paletten im Empfang genommen und in der so genannten Provision, dem Lager auf dem Schiff, verstaut.

Lotse

Aus dem Lexikon: Ein Lotse ist in der Seefahrt meist (in Deutschland-grundsätzlich) ein erfahrener Nautiker (Kapitän) mit mehrjähriger praktischer Erfahrung, der bestimmte Gewässer so gut kennt, dass er die Führer von Schiffen sicher durch Untiefen, vorbei an Schifffahrtshindernissen und dem übrigen Schiffsverkehr geleiten kann. Lotsen üben ihre Tätigkeit als Berater des Kapitäns eines Schiffes aus. Mit Lotsenbooten (internationale Aufschrift: „PILOT") werden sie von einem Schiff zum anderen beziehungsweise von der Lotsenstation zum Schiff gebracht.

In den meisten Ländern ist es verpflichtend einen Lotsen an Bord zu nehmen. Je nach örtlichen Gegebenheiten verbringt der Lotse unter Umständen mehrere Stunden an Bord.

Low-Budget-Schiff

Ein Unterbereich des Kreuzfahrt-Massenmarkts. Die Low- Budget-Optionen unter den Kreuzfahrtangeboten sollen Kunden in erster Linie aufgrund der Preisgestaltung ansprechen. Um Kosten zu senken und Einnahmen zu optimieren, bieten Kreuzfahrtschiffe, die ein Low-Budget-Modell wählen, tendenziell weniger Dienste an, und die Qualität dieser Dienste ist möglicherweise nicht so hoch. Überproportional viele Angebote auf dem Schiff sind kostenpflichtig. An der Sicherheit auf dem Schiff werden jedoch keine Abstriche gemacht.

Luxusschiff

Luxuskreuzfahrten bieten in der Regel qualitativ hochwertige Dienstleistungen, ähnlich denen eines Luxushotels oder einer All-Inclusive-Kreuzfahrt, an. Obwohl einige dieser Dienstleistungen nicht im Preis der Kreuzfahrt selbst enthalten sind. Innerhalb dieses Segments sind die eingesetzten Kreuzfahrtschiffe im Allgemeinen modern, und die Kunden werden mit dem Versprechen komfortabler Kabinen (meist nur Suiten), hervorragender Einrichtungen und exzellenten Service angezogen. Darüber hinaus fassen die Schiffe sehr wenige Gäste, verfügen über sehr viele Crewmitglieder im Verhältnis zur Anzahl der Passagiere und fahren Ziele und Häfen an, die von den Schiffen des Massenmarkts nicht bedient werden (können).

Luxussegment
->*Luxusschiff*

Maître

Je nach Reederei kommt dem Maître entweder die Funktion des Restaurantleiters zu oder diese Position taucht gar nicht auf. Manchmal entspricht sie auch der des Oberkellners. Oft trägt der Maître Uniform. Seine Position würde der eines Unteroffiziers entsprechen.

Manifest

-> *Schiffsmanifest*

Manning Number

Um ein Kreuzfahrtschiff ordnungsgemäß und sicher betreiben zu können, müssen bestimmte Positionen ständig besetzt sein. Das fängt natürlich beim Kapitän beziehungsweise seiner Vertretung an und geht bis zu Crewmitgliedern, die in einem Notfall die Passagiere auf die Rettungsboote leiten. Für individuell jedes Schiff sind diese Positionen genau festgelegt und mit einer so genannten Manning Number versehen. Kommt nun ein neues Crewmitglied an Bord, so wird es, gemäß seiner Position an Bord oder aber auch entsprechend seiner Fähigkeiten einer dieser Manning Nummern zugeteilt.

Das wäre zum Beispiel die Nummer 1 für den Kapitän. Ist ein Crewmitglied neben seiner Tätigkeit im Maschinenraum auch als Feuerwehrmann qualifiziert, so erhält er die entsprechende Manning Number. Meist gibt es auf einem Schiff mehr Crewmitglieder als relevante Manning Nummern. Überhängende Crewmitglieder bekommen deshalb eine sehr hohe Manning Nummer, sie sind dann zum Beispiel Teil eines Unterstützungsteams, welches bis auf Abruf in Bereitschaft ist. Es kann aber auch sein, dass einem Crewmitglied keine Manning Number zugeteilt wird, weil es zum Beispiel noch eine Reihe von Schulungen durchlaufen muss, bald absteigt oder mehr Crew als nötig an Bord ist.

Massenmarkt

Hier wird von den Reedereien der Spagat gewagt, ein Angebot auf den Markt zu bringen, das eine möglichst große Zielgruppe erreichen kann. Das fängt bei einem moderaten Preis an, geht über moderne mit vielen Attraktionen versehenen Schiffen und leicht zu erreichenden interessanten Reisezielen bis hin zu Angeboten und Dienstleistungen, die eine breite Masse ansprechen. Individualität und Exklusivität finden hier meist keinen Platz oder aber sie müssen als Extra gebucht und entsprechend bezahlt werden. So gut wie alle heute angebotenen Kreuzfahrten fallen in diesen Bereich.

Master Station
-> Musterstation

Mein Schiff

Die Schiffe der Flotte von TUI Cruises heißen „Mein Schiff". TUI Cruises GmbH ist eine deutsche Kreuzfahrtgesellschaft mit Sitz in Hamburg. Das im April 2008 gegründete Unternehmen ist ein Joint Venture der TUI AG und der Royal Caribbean Cruises Ltd., der zweitgrößten Kreuzfahrtgesellschaft der Welt.

Das Angebot von TUI Cruises positioniert sich im Segment der Premium-fahrten zwischen Club- und traditioneller Kreuzfahrt als 4½-Sterne-Produkt.

Midship
-> Mittschiffs

Mittschiffs

Seemannssprache für „in der Mitte des Schiffes". Der ideale Platz, um möglichst wenige der Schiffsbewegungen mitzubekommen.

Musterstation

In einem Notfall müssen sich die Passagiere nach dem Ertönen des General Emergency Signal (7 kurze Töne, gefolgt von einem langen Ton) zu der ihnen zugewiesenen Musterstation begeben. Welcher Musterstation ein Passagier zugeordnet ist, hängt von der Lage seiner Kabine ab. Die Information über die ihm zugewiesene Musterstation kann er einer Notfalltafel auf der Innseite seiner Kabinentüre oder seiner Bordkarte entnehmen. Im Rahmen der verpflichtenden Seenotrettungsübung muss jeder Passagier einmal seine Musterstation aufsuchen oder zumindest, je nach Art der Seenotrettungsübung bestätigen, dass er Kenntnis über deren Lage auf dem Schiff hat.

Die Musterstationen liegen auf dem selben Deck, auf dem auch der Zugang zu den Rettungsbooten erfolgt. Meist sind sie chronologisch, angefangen am Bug bis zum Heck mit Buchstaben beschriftet.

An der Musterstation angekommen, wird jeder Passagier „gemustert", es wird seine Anwesenheit dokumentiert. Im Notfall werden dort die Passagiere gesammelt, um deren Sicherheit zu gewährleisten und um stets über deren Verbleib informiert zu sein. Hier warten die Passagiere, bis vom Kapitän entweder Entwarnung oder der Befehl zum Verlassen des Schiffes gegeben wird.

Je nach Reederei wird nicht immer der Begriff Musterstation verwendet. Auch die Begriffe Sammelstelle oder Master Station sind verbreitet.

Nock

Bezeichnete früher das „hervorstehende Ende von etwas". Auf einem Schiff handelt es sich dabei um den seitlich hervorragenden Teil der Kommandobrücke. Wenn Sie genau hinsehen, werden Sie auf jedem großen Schiff sowohl auf der Steuer- als auch auf der Backbordseite zwei kleine „Stummel" herausragen sehen. Auf großen modernen Kreuzfahrtschiffen sind diese meist verglast und überdacht, auf älteren und kleineren Schiffen sind sie offen gehalten. Von der Nock aus wird meist über den dort angebrachten Steuerstand das Anlegemanöver im Hafen durchgeführt und überwacht.

Notfalltafel

Eine fluoreszierende Tafel auf der Innenseite Ihrer Kabinentüre. Hierauf finden Sie alle wichtigen Informationen für einen Notfall: Lage Ihrer Kabine, Haupt- und Nebenfluchtweg, Ihre Musterstation und deren Lage, Notfallsignale, Handhabung der Rettungsweste, Verhaltensregeln und weitere Informationen.

offenes Deck

-> Außenbereich

Over Night

Verbringt ein Kreuzfahrtschiff die Nacht über im Hafen so spricht man von einer Over Night (aus dem Englischen für „über Nacht"). So lange das Schiff im Hafen liegt, können die Passagiere ohne weiteres und jederzeit das Schiff verlassen und wieder betreten.

Pantry

Aus dem Englischen für Speisekammer oder Anrichtezimmer. Auf dem Schiff finden Sie hinter jeder Bar eine kleine Pantry. Dort lagern Waren, es können Geschirr und Gläser gereinigt oder kleine Vorbereitungen im Hintergrund getroffen werden.

Passagier

Der Wortursprung geht auf das italienische Wort passare = reisen beziehungsweise passeggero = Reisender zurück. Die Gäste auf einem Schiff werden intern als Passagier beziehungsweise als PAX (Abkürzung für englisch passenger X) bezeichnet.

Passagierbereich

Areale auf einem Kreuzfahrtschiff, die ausschließlich den Passagieren zur Verfügung stehen. Crewmitglieder haben dort neben ihrer Arbeitszeit keinen Zutritt. Allerdings gibt es auf den meisten Kreuzfahrtschiffen auch für Crewmitglieder Regelungen, die es ihnen erlauben, in ihrer Freizeit den Passagierbereich zu betreten und zu nutzen. Im Passagierbereich gibt es Decks, die ausschließlich aus Kabinen bestehen und Decks mit so genannten öffentlichen Bereichen, in denen sich z.B. Restaurants und Bars befinden. Aber auch Bereich, zu denen man selbst als Passagier nur gegen Gebühr Zutritt hat, befinden sich dort. Hierzu können unter Anderem die Sauna, der Spa- und Wellnessbereich oder bestimmte Spezialitätenrestaurants gehören.

Passagierdeck
-> *Deck*

Passagierkabine
-> *Kabine*

PAX
-> *Passagier*

Pier

Aus dem Wörterbuch: Anlegestelle, Landungsbrücke, an der die Schiffe beiderseits anlegen.

Pilot
-> *Lotse*

Port
-> *Hafen*

Port Side
-> *Backbord*

Premiumschiff
Kreuzfahrten auf Premiumschiffen werden in der Regel als die Top- Option im Massenmarkt angesehen und bieten qualitativ hochwertige Dienstleistungen, die vollständig im Reisepreis enthalten sind. Diese Dienstleistungen umfassen in der Regel Speisen und Getränke, Internetzugang und hochwertige Unterhaltung. Allerdings gibt es meist sogar auf Premiumschiffen, kaufpreispflichtige Leistungen.

Promenadendeck
Aus dem Wörterbuch: Deck eines Fahrgastschiffes für den Aufenthalt im Freien.

Bei Kreuzfahrtschiffen ist dies heutzutage eigentlich die Bezeichnung für ein komplett umlaufendes Deck im Freien, welches von den Passagieren gerne zum Spazierengehen oder Joggen verwendet wird. Leider verschwindet es auf modernen Schiffen immer mehr.

Provision
Englisch für Proviant. Vergleichbar einem Lager an Land. In der Provision werden nahezu alle Dinge, die auf dem Schiff verwendet und benötigt werden, eingelagert. Regelmäßig werden beim sog. Loading in einem Hafen neue Waren und Lebensmittel angeliefert, diese werden in der Provision gelagert und von dort aus je nach Bedarf der Departments abgerufen, zusammengestellt und ausgeliefert.

raue See
-> *Seegang*

rechte Schiffsseite
-> *Steuerbord*

Reede
Aus dem Lexikon: Vor einem Hafen oder geschützt in einer Bucht liegender Ankerplatz für Schiffe.

Gibt es absolut keine Möglichkeit, mit einem Kreuzfahrtschiff im eigentlichen Hafen einer Destination anzulegen, so ankert man vor dem Hafen auf Reede. Die Passagiere werden dann entweder mit örtlichen oder schiffseigenen Tenderbooten vom Schiff an Land (und umgekehrt) gebracht. Eine mitunter recht zeitaufwendige und unschöne Art, ein Kreuzfahrtschiff zu verlassen. Deshalb wird meist versucht, diese Variante zu vermeiden.

Reederei
Eine Reederei ist ein Schifffahrtsunternehmen. Ein Reeder ist Eigentümer eines ihm zum Erwerb durch die Seefahrt dienenden Schiffes, so das Handelsgesetzbuch.

Genauso wie in vielen anderen Wirtschaftsbereichen ist heutzutage auch der Schifffahrtsbereich sehr komplex geworden. Auch was die Eigentumsverhältnisse von Kreuzfahrtschiffen angeht. Wer letztendlich der Reeder des Schiffes, auf dem Sie Gast sind ist, werden und müssen Sie wohl nie erfahren.

Reisekrankenversicherung
Auch Auslandskrankenversicherung. Eine Auslandskrankenversicherung deckt in der Regel Kosten von akut auftretenden körperlichen Krankheiten, Operationen, notwendigen Arznei- und Heilmitteln, Zahnbehandlungen oder auch den medizinisch notwendigen Rücktransport aus dem Urlaubsland. Die gesetzliche Krankenversicherung übernimmt zwar innerhalb der Europäischen Union einen Teil der anfallenden Kosten, falls es zum Krankheitsfall kommt, doch einen Großteil der Kosten müssen Versicherte dennoch selbst zahlen, etwa wenn ein Rücktransport in die Heimat medizinisch notwendig wird. Außerhalb der EU übernimmt die gesetzliche Krankenversicherung hingegen überhaupt keine der anfallenden Kosten. Daher ist es dringend angeraten, vor Reisebeginn eine Reisekrankenversicherung abzuschließen!

Reisekrankheit
-> *Seekrankheit*

Reisepreis
Preis, den Sie als Gast für eine Reise bezahlen. In der Reisebeschreibung und den Reiseunterlagen wird ihnen genau mitgeteilt, welche Leistungen im Reisepreis enthalten sind. Im Reisepreis für eine Kreuzfahrt sind zum Beispiel die Kosten für die eigentliche Kreuzfahrt, Speisen und Getränke nach Reisebeschreibung, Unterkunft in der gebuchten Kabinenkategorie, Unterhaltungsprogramm und so weiter enthalten. Aber auch nicht so offensichtliche Dinge wie zum Beispiel die Hafengebühren haben Sie dadurch bereits bezahlt.

Reling
Die Reling kann man als eine Art Geländer bezeichnen, das an den nötigen Stellen um die Außendecks eines Schiffes verläuft. Auf modernen Kreuzfahrtschiffen ist die Reling sehr oft aus stabilem Glas. Sie ist so hoch, dass man eigentlich nicht versehentlich über sie stürzen kann.

Rettungsboot
Aus dem Wörterbuch: Größeres Motorboot zur Rettung Schiffbrüchiger und von größeren Schiffen mitgeführtes kleines Boot zur Rettung der Besatzung und der Fahrgäste in einer Notsituation (besonders beim Sinken des Schiffes).
Rettungsboote gehören zu den so genannten Rettungsmitteln. Auf modernen Kreuzfahrtschiffen findet man verschiedene Typen von Rettungsbooten. Manche werden nur für Notfälle vorgehalten. Andere, etwas kleinere, wiederum werden auch während des normalen Schiffsbetriebs als Tenderboote verwendet (Umsetzen mittels eines kleinen Boots vom Kreuzfahrtschiff an Land). Große Rettungsboote auf großen modernen Kreuzfahrtschiffen fassen teilweise mehrere Hundert Passagiere. Jedes Kreuzfahrtschiff verfügt über mehr Plätze in den Rettungsbooten beziehungsweise anderen Rettungsmitteln wie Rettungsinseln, als Passagiere an Bord passen.

Rettungsring
Ein Rettungsring ist ein Rettungsmittel. Er ist üblicherweise deutlich lesbar mit dem Schiffsnamen und meist auch dem Heimathafen beschriftet. Rettungsringe sind hohl oder mit Schaumstoff gefüllt. Auf Kreuzfahrtschiffen kommen in der Regel zwei Arten von Rettungsringen zum Einsatz: Der allseits bekannte Rettungsring und eine Version mit Seil und daran befestigter Leuchte, die bei Wasserkontakt zu blinken beginnt und auf dem Wasser schwimmt.

Rettungsweste
Aus dem Lexikon: Eine Rettungsweste ist eine tragbare Weste, die eine Person im Wasser selbständig in die Rückenlage dreht und den Kopf über

Wasser hält, um die Atemwege freizuhalten. Diese Eigenschaft gilt auch, wenn die Person bewusstlos ist, weshalb solche Westen auch als ohnmachtssicher bezeichnet werden.

Der veraltete Begriff Schwimmweste wurde in der SOLAS- Vereinbarung durch den Begriff Rettungsweste ersetzt. Umgangssprachlich wird der veraltete Begriff Schwimmweste teilweise noch für nicht ohnmachtssichere Westen mit Auftriebselementen auch im Rückenbereich verwendet.

Auf Kreuzfahrtschiffen muss für jeden Passagier sowie jedes Crewmitglied eine Rettungsweste vorhanden sein. Für bestimmte Personengruppen wie Kleinkinder und Babies gibt es spezielle Rettungswesten.

Route

Kreuzfahrtschiffe fahren festgelegte Routen ab. Im Massenmarkt sind dies häufig pro Saison die selben ein bis zwei Routen innerhalb eines festgelegten Fahrtgebiets. Die Routenwahl der Reederei richtet sich nach saisonalen Gegebenheiten, wie Witterung und Klima und möglichen Anlaufhäfen im Fahrtgebiet.

Rudergänger

Aus dem Wörterbuch: Seemann, der (nach Weisung des Kapitäns o. Ä.) das Schiff steuert.

Sammelstelle
-> *Musterstation*

Schiff
-> *Kreuzfahrtschiff*

Schiff als Ziel

Gerade für große Schiffe ist es das Ziel der Reederei, dass die Passagiere möglichst viel Zeit ihrer Reise auf dem Schiff selbst beziehungsweise mit von der Reederei angebotenen Aktivitäten, zum Beispiel Ausflügen, verbringen, um dort möglichst viel ihres Urlaubsbudgets zu lassen. Hierfür werden die Schiffe mit einer Vielzahl von attraktiven Einrichtungen und Aktivitäten ausgestattet, die in der Regel weit über dem Durchschnitt anderer Kreuzfahrtschiffe liegen. Gäste dieser Kreuzfahrten sehen eher das Schiff als das Ziel ihrer Reise, statt das Fahrtgebiet oder die Route.

Schiff-im-Schiff Konzept

Gerade auf neuen größeren Schiffen im Massenmarkt schaffen die Reedereien zunehmend exklusive Orte für zahlungswillige Gäste, die ansatzweise an den Komfort und Service der Schiffe im Luxussegment anknüpfen sollen. Dies fängt bei besser gelegenen, größeren und luxuriöser ausgestatteten Kabinen, meist (Junior)Suiten an. Aber auch Lounges, Restaurants und Außenbereiche mit eigenen Bars, Liegenbereichen, Swimming- oder Whirlpools, eigenem Conciergeservice und weiteren Zusatzleistungen gehören dazu.

Schiffs-App

In der Zwischenzeit bieten nahezu alle Reedereien im Massenmarkt ihren Gästen Apps an, die Sie auf ihr Handy laden können. Hierüber können die Passagiere an Bord neben zahlreichen allgemeinen Informationen ebenfalls individuelle Daten zu ihrer Reise, wie z.B. den Stand ihres Bordkontos, gebuchte Termine in Restaurants und von Ausflügen oder Zusatzleistungen abrufen. Die App erleichtert darüber hinaus die Navigation an Bord. Sie soll die bisher üblichen Informationsquellen wie zum Beispiel das Tagesprogramm ersetzen, zumindest aber ergänzen. Aber auch innovative Features, wie zum Beispiel die Möglichkeit, über die App an Quizshows im Theater teilnehmen zu können, sind implementiert.

Schiffsarzt
-> *Bordarzt*

Schiffscrew
-> *Crew*

Schiffshorn
So wird ein akustisches Signalgerät genannt, das insbesondere als Schiffs- beziehungsweise Nebelhorn eingesetzt wird. Mittels eines pneumatischen oder elektrischen Systems wird ein lauter Ton mit einer bestimmten Frequenz erzeugt. Diese ist entsprechend der Schiffslänge vorgeschrieben.

Schiffsmanifest
Aus dem Lexikon: Bei Kreuzfahrten dient die von vielen Reedereien als Schiffsmanifest oder einfach nur Manifest bezeichnete Liste zur Erfassung von Passagierdaten (Adressdaten, Kontaktinformationen, Passdaten usw.) für die Einschiffung und die Einreiseformalitäten in den Häfen. Die erfassten Daten werden an Bord mitgeführt und bei der Einreise in den Häfen an die dortigen Behörden weitergegeben.

Schiffsoffizier
Ein (Nautischer) Offizier ist ein leitender Seemann. Gemäß dem Schiffsbesatzungszeugnis (englisch Minimum Safe Manning Certificate) ist neben dem verantwortlichen Schiffsführer oder Kapitän je nach Schiffsgröße ein Erster, Zweiter, Dritter oder Vierter Nautischer Offizier vorgeschrieben. Bei größeren Schiffen sind neben den Nautischen Offizieren auch Technische Offiziere an Bord, wie der Leitende Ingenieur beziehungsweise der Leitende Technische Offizier. Voraussetzung zum Nautiker ist eine Ausbildung in Nautik.

Schmetterling
Zwei eigenständige Reiserouten eines Kreuzfahrtschiffs, die zu einer längeren Route kombiniert werden können. Beide Routen starten und enden im gleichen Hafen.

Schnäppchen-Kreuzfahrt
-> *Low-Budget Schiff*

Schwesterschiff
Aus dem Wörterbuch: Schiff im Verhältnis zu einem oder mehreren anderen Schiffen gleichen Typs.

Aus Kostengründen entwickelt eine Reederei eine Schiffsklasse, die sie in der Werft mehrere Male bauen lässt. Diese Schiffe unterscheiden sich nur in den Ausbaudetails. Konstruktion, Technik und Schiffsrumpf sind allerdings weitestgehend gleich.

Schwimmweste
-> *Rettungsweste*

Scrubber
Abgasentschwefelungsanlage in der Seeschifffahrt.

Seegang
Stärkerer Wellengang auf dem Meer. Dadurch gerät das Schiff ins Schwanken, Wanken, Schaukeln, Rollen oder Stampfen, was bei einigen Passagieren zur Seekrankheit führen kann. Je größer das Schiff, desto weniger Auswirkungen hat der Seegang. Je weiter man in der Mitte des Schiffes ist, desto weniger spürt man den Seegang.

Seekrankheit
Aus dem Wörterbuch: Durch das Schwanken eines Schiffes auf bewegtem Wasser verursachte Übelkeit.

Es gibt Medikamente gegen Seekrankheit. Diese sind kostengünstig in Apotheken erhältlich und helfen in der Regel sehr gut, machen aber unter Umständen recht müde. Halten Sie ggf. Rücksprache mit Ihrem Hausarzt.

Seemannsgarn
Aus dem Wörterbuch: Früher mussten die Matrosen auf See in ihrer Freizeit aus aufgelöstem altem Takelwerk neues Garn wickeln, wobei sie sich von ihren Abenteuern erzählten.

Heute bezeichnet man eine erfundene, stark übertreibende Darstellung eines Seemanns gerne als Seemannsgarn.

Seenotrettungsübung
Die Seenotrettungsübung ist im Internationalen Übereinkommen zum Schutz des menschlichen Lebens auf See (SOLAS) festgelegt. Sie soll, als Reaktion auf den Untergang der Titanic, die Sicherheit von Passagieren und Schiffsbesatzung garantieren. Auf einer Kreuzfahrt ist sie die einzige Pflichtveranstaltung für alle Passagiere.

Gemäß der SOLAS-Vorgaben muss die Seenotrettungsübung innerhalb der ersten 24 Stunden auf See durchgeführt werden. Seit der Havarie der Costa Concordia, die bereits innerhalb des gesetzlich vorgeschriebenen 24-Stunden- Zeitraums kenterte, wird die Seenotrettungsübung jetzt überwiegend vor dem Ablegemanöver durchgeführt.

Die Seenotrettungsübung wird je nach Reederei auf unterschiedliche Art und Weise durchgeführt. Von reinen virtuellen Lösungen, bei denen man eigenverantwortlich zum Beispiel auf dem Kabinen-TV oder der Schiffs-App die Informationen zur Seenotrettungsübung durcharbeitet und anschließend bestätigt, alle Informationen zur Kenntnis genommen zu haben, bis hin zu

Übungen, bei denen sich alle Passagiere mit angelegter Rettungsweste an der jeweiligen Musterstation einfinden müssen, führen die Reedereien die Seenotrettungsübung höchst unterschiedlich durch.

Seetag
Tag, den ein Kreuzfahrtschiff während einer Reise auf See verbringt. Meist enthält jede Reise mit einem Kreuzfahrtschiff mindestens einen Seetag.

Segelschiff
Aus dem Wörterbuch: Schiff, das sich mithilfe von Segeln fortbewegt.
Es gibt einige wenige Segelschiffe, die als Kreuzfahrtschiffe genutzt werden. Neben den Segeln nutzen diese aber auch bei Bedarf einen motorgetriebenen Antrieb. Die Reise mit einem dieser Segelkreuzfahrtschiffen ist bei weitem nicht so komfortabel, wie die mit einem großen Kreuzfahrtschiff. Dennoch bedienen diese Schiffe meist den Luxusmarkt.

Service-Entgelt
Die Reaktion einiger Reedereien auf die nicht mehr zulässige Möglichkeit dem Bordkonto der Passagiere pro Tag ein so genanntes Zwangstrinkgeld zu belasten. Vergleichbar der Mehrwertsteuer werden allen Zahlungsbeträgen an Bord ein Service-Entgelt hinzugefügt. Dies liegt meist bei 15% und kann, im Gegensatz zum früheren Zwangstrinkgeld, vom Passagier nicht gestrichen werden. Wichtig für die Kalkulation der Nebenkosten einer Reise ist es zu wissen, ob und wie viel Service-Entgelt Ihre Reederei auf deren Bordpreise aufschlägt.

Shops
-> *Bordshop*

Shuffleboard
Aus dem Wörterbuch: Spiel, bei dem auf einem länglichen Spielfeld Scheiben mit langen Holzstöcken möglichst genau von der Startlinie in das gegenüberliegende Zielfeld geschoben werden müssen.
Ein auf Kreuzfahrtschiffen sehr weit verbreitetes und beliebtes Gesellschaftsspiel, welches dort auf den Außendecks gespielt wird.

Sichteinschränkung
Behinderung der Aussicht aus dem Kabinenfenster oder vom Balkon der Kabine durch Schiffsaufbauten. Dies können zum Beispiel Rettungsboote oder überhängende Decks sein. Wegen dieses Komfortverlusts werden diese Kabinen günstiger angeboten und sind in den Prospekten der Reedereien auch entsprechend gekennzeichnet.

Single Share Kabine

Kabinentyp im Crewbereich. Bei ihm teilen sich zwei sonst eigenständige Kabinen ein gemeinsames Bad, in der Regel mit Dusche und Toilette. Jede Kabine hat meist aber ein eigenes Waschbecken. Über jeweils eine eigene Türe, die von beiden Seiten verschließbar ist, hat jede der beiden Kabinen Zugang zum gemeinsamen Bad.

Smart Causal

Die Aussage des „Mr. Porter's Style Advice" trifft es recht gut: „Smart Causal kann letztendlich alles zwischen dem Tragen eines Trainingsanzugs und eines Anzugs sein."

Entsprechend unterschiedlich wird auch auf Kreuzfahrtschiffen Smart Causal definiert. In der Regel bedeutet es, dass Männer lange Hosen, aber keine Jeans und zumindest ein Polo Shirt oder Hemd tragen sollten. Damen tragen zum Beispiel ein Kleid oder lange Hosen und eine Bluse.

Wie bereits erwähnt ist der Begriff allerdings letztendlich so schwammig, dass man bei manchen Anlässen froh sein kann, dass der Dress Code Smart Causal letztendlich die Gäste davon abhält, zum Abendessen mit Badehose im Restaurant zu erscheinen.

SOLAS

Aus dem Lexikon: Die International Convention for the Safety of Life at Sea, 1974 (SOLAS), auf Deutsch „Internationales Übereinkommen von 1974 zum Schutz des menschlichen Lebens auf See" oder kurz Schiffssicherheitsvertrag, ist eine UN-Konvention zur Schiffssicherheit. Die ursprüngliche Fassung entstand als Reaktion auf den Untergang der Titanic im Jahr 1912. Derzeit (Stand: 2022) ist die fünfte Version von 1974 in Kraft, erweitert und geändert durch zahlreiche Ergänzungsprotokolle.

Letztendlich gehen weitgehende Änderungen in dem Regelwerk meist auf große Schiffsunglücke zurück.

Space-Guest-(Passenger) Ratio
->BRZ

Staircase

Aus dem Englischen für Treppenhaus. Auf einem Kreuzfahrtschiff gibt es die so genannten PAX-Staircase (Treppenhäuser für Passagiere) und Crew-Staircase (Im Crewbereich liegende Treppenhäuser für die Crew).

Starboard
-> Steuerbord

Steuerbord

Früher war das Steuerruder eines Schiffes auf der rechten hinteren Seite angebracht. Deshalb bezeichnet man heute die rechte Seite (in Fahrtrichtung) eines Schiffes als Steuerbord.

Stockwerk

-> Deck

Suite

Eine aus mehreren Räumen bestehende Unterkunft in einem Hotel beziehungsweise auf einem Kreuzfahrtschiff. Meist besteht eine Suite aus einem Schlaf- und einem Wohnraum sowie aus einem Badezimmer. Nach oben sind keine Grenzen gesetzt.

Eine Juniorsuite besteht neben einem Badezimmer aus einem kombinierten und oft optisch getrennten Schlaf- und Wohnraum, in dem sich meist mehre Sitzgelegenheiten (z.B. Sofa, Sessel und Tisch) befinden.

Tagesprogramm

Täglich erscheinende Übersicht aller Aktivitäten an Bord, welche am jeweiligen Tag auf dem Schiff angeboten werden. Darüber hinaus werden dort auch andere wichtige Informationen, wie zum Beispiel zu Zeitumstellungen, Einreisevorschriften, Hafeninformationen oder Wetterdaten, veröffentlicht. In der Regel erhält jede Kabine Ihr Tagesprogramm am Vorabend in Papierform auf die Kabine geliefert. Auf modernen Schiffen im Massenmarkt findet man das Tagesprogramm ebenfalls in der Schiffs-App sowie auf dem Kabinen-TV.

Tendern

Liegt ein Kreuzfahrtschiff vor dem eigentlichen Hafen auf Reede, weil dieser zum Beispiel zu klein für das Schiff ist, so werden die Passagiere mit so genannten Tenderbooten an Land und wieder zurück auf das Schiff gebracht. Diesen Vorgang nennt man Tendern.

Die Tenderboote werden entweder vom jeweiligen Hafen zur Verfügung gestellt oder es handelt sich um schiffseigene Boote. Meist sind dies Rettungsboote, welche aber auch so ausgestattet sind, um als Tenderboot verwendet werden zu können. Im Tenderbetrieb fassen solche Boote bei modernen Kreuzfahrtschiffen nicht selten bis zu 200 Personen.

Terminal
-> *Kreuzfahrtterminal*

Tischzeit

Vom Maître des jeweiligen Restaurants festgelegte Zeit, zu der Sie dort Ihre Mahlzeit einnehmen können. Auf manchen Kreuzfahrtschiffen wird dieses System für das Haupt-Bedienrestaurant verwendet. Im Vorfeld wird ihnen Ihre zuteilte Tischzeit sowie meist auch die Nummer eines festen Tisches mitgeteilt. In der Regel können Sie diese vom Maître ändern lassen. Dieses System ist auf Schiffen notwendig, bei denen das Hauptrestaurant nicht groß genug ist, um eine freie Tischzeit, zu der jeder erscheinen kann, wann er mag, garantieren zu können.

Transferreisen
-> *Transreisen*

Transreisen

Eine Reise, bei der ein Schiff von einem Fahrtgebiet in ein anderes umgesetzt wird. Diese Reisen finden in der Regel am Ende einer Saison statt. Wird es für angenehme Reisen in einem Fahrtgebiet zum Beispiel zu kalt oder zu heiß, so wechselt das Schiff in andere Gefilde. Gleiches zurück, wenn sich die Witterungsverhältnisse zum Ende der dortigen Saison wieder verändern. Solche Reisen dauern meist länger als reguläre Fahrten und beinhalten relativ viele Seetage, meist sogar am Stück.

Beliebte und bekannte Transreisen sind zum Beispiel Fahrten von der Nord- beziehungsweise Ostsee auf die Kanaren oder ins Mittelmeer. Oder vom Mittelmeer in den Orient beziehungsweise nach Asien. Außerdem vom Mittelmeer in die Karibik. Offiziell werden Transreisen auch Positionierungskreuzfahrt genannt.

Treppenhaus
-> Staircase

Typhon
-> Schiffshorn

Vielfahrer

Passagiere, die bereits sehr oft eine Kreuzfahrt unternommen haben, bezeichnen sich selbst gerne als Vielfahrer. Hierbei gibt es keine Festlegung, ab wann man als Vielfahrer gilt. Auch Reedereien übernehmen diesen Begriff gerne. Mein persönlicher Rekord: Ich traf einmal ein Pärchen in den 40ern, die gemäß ihrer eigenen Aussage bereits über 70 Kreuzfahrten hinter sich gebracht hatten.

Vorne
-> Bug

Wellengang
-> *Seegang*

Weltreise

Was bei Schiffen aus dem Luxussegment schon sehr lange Gang und Gebe ist, hält auch immer mehr im Massenmarkt Einzug: Weltreisen. Die Reedereien im Massenmarkt schicken meist eines ihrer kleineren Schiffe auf diese Reise. In der Regel dauert eine solche Fahrt grob um die 150 Tage, man umrundet einmal den Globus. Oft auch auf Routen, die von den Reedereien im Massenmarkt sonst nicht angeboten werden. Teilweise kann man auch Abschnitte der Reise buchen, sollte man nicht so viel Zeit, Geld oder Lust haben, um die ganze Reise mitzumachen. Meist wird eine Reise pro Jahr angeboten. Auch für die Crew sind solche Reisen etwas besonders und viele Crewmitglieder versuchen gerade zu dieser Zeit auf demjenigen Schiff zu sein, dass auf Weltreise geht.

Werft

Eine Werft ist ein Betrieb zum Bau und zur Reparatur von Booten und Schiffen. Das Wort stammt aus dem alt-niederländischen/friesländischen: Der am Wasser baut.

Die Anzahl an Werften, die sich auf den Bau von großen Kreuzfahrtschiffen spezialisiert haben, ist überraschend übersichtlich. Hierzu zählen die Werften Fincantieri in Italien (zugleich das größte Schiffbauunternehmen Europas), Chantiers de l'Atlantique in Frankreich und die deutsche Meyer Werft in Emden mit der zur Gruppe gehörenden Werft in Turku.

Werftaufenthalt

In regelmäßigen Abständen werden für ein Kreuzfahrtschiff Werftaufenthalte eingeplant. Diese dienen zum Einen dazu, gesetzlich vorgeschriebene Checks und Wartungen durchzuführen. Zum Anderen werden bei einem Werftaufenthalt aber auch Reparaturen am Schiffskörper und notwendige Erneuerungs- und Umbaumaßnahmen im Hotelbereich des Schiffs durchgeführt.

Ein Werftaufenthalt kann nur wenige Tage, aber auch einige Wochen dauern. Meist bleibt die Crew in dieser Zeit an Bord und übernimmt teilweise unterstützende Tätigkeiten bei den durchgeführten Maßnahmen.

Zimmer
-> *Kabine*

Zwangstrinkgeld

Ein System, bei dem das Bordkonto eines jeden Passagiers grundsätzlich mit einem bestimmten „Trinkgeld-Betrag" belastet wird. Widerspricht der Gast dieser Praxis nicht ausdrücklich, so muss er die dadurch aufgelaufene Summe am Ende der Reise mit seiner Bordrechnung begleichen. Für auf dem deutschen Markt angebotenen Kreuzfahrten wird dieses System aus rechtlichen Gründen nicht mehr angewandt. Hier ersetzt bei manchen Reedereien das so genannte Service Entgelt das Zwangstrinkgeld.

Das System des Zwangstrinkgelds ist zwar keine Erfindung der Kreuzfahrtindustrie, aber gerade bei den Kreuzfahrtpassagieren heiß umstritten. Hierbei gibt es nicht nur Gegner, es gibt durchaus auch Befürworter dieses Systems, die darin einen Garant für eine gute Entlohnung der Schiffscrew sehen.

Bildquellen